これで完璧

地方公務員法
200問

〈第4次改訂版〉

地方公務員昇任試験問題研究会［編著］

JN042298

学陽書房

第４次改訂版刊行にあたって

　地方公務員昇任試験問題研究会では，「試験に向けた万全の準備が１冊でできる問題集がほしい」という受験者のみなさんの要望に応えるべく，2000（平成12）年に本書初版を刊行いたしました。

　それから，早くも21年が経ちました。

　これまでの長きにわたり歴代の受験者のみなさんに本書をご利用いただき，版を重ねることができましたが，このたび2021（令和３）年６月に地方公務員法が改正され，2023（令和５）年４月１日に施行されることから，その改正内容を盛り込んで第４次改訂版として刊行することといたしました。

　今改訂の特色及び本書の持つ特徴は次の通りです。

- 今回の改訂にあたっては，地方公務員法の改正（令和３年法律第63号，2023（令和５）年４月１日施行）に伴い，役職定年制，定年前再任用短時間勤務制の導入等を盛り込みました。また上記改正に伴い抜本的に条文が変わったところについては，新規の設問に差し替えました。

- 基礎問題から応用問題まで，地方公務員法の出題範囲を十分にカバーする200問を体系的に並べて収録しています。

- 各設問には出題頻度ランク順に★★★　★★　★の三段階の星印を付けました。**時間のないときには，出題頻度の高い設問順に消化していくのが効率的です。**

- 設問の解答をすぐに確認できるように，表頁に設問２題，裏頁

にそれに対応する解説 2 題を収録しました。

- 一度当たって解けなかった問題を再度チェックできるように「正解チェック欄」を設けました。

　本書を活用して見事合格を勝ち取られた多くの方々と同じく，今現在勉強に励まれているみなさんも晴れて合格を手にされることを祈念いたします。

　2021（令和 3 ）年12月

地方公務員昇任試験問題研究会

これで完璧　地方公務員法200問・目次

★★★，★★，★………出題頻度順の星印

1　総　則

2　人事機関

3 職員に適用される基準

4 任 用

5　人事評価

6　給与・勤務条件・休業

7　分限・懲戒

8 服　務

凡　　例

法令名略称

憲法………………日本国憲法（昭21）

法………………地方公務員法（昭25法261）

自治法……………地方自治法（昭22法67）

自治法施行令……地方自治法施行令（昭22政令16）

地公企法…………地方公営企業法（昭27法292）

公選法……………公職選挙法（昭25法100）

労基法……………労働基準法（昭22法49）

地教行法…………地方教育行政の組織及び運営に関する法
　　　　　　　　　律（昭31法162）

労組法……………労働組合法（昭24法174）

地公企労法………地方公営企業等の労働関係に関する法律
　　　　　　　　　（昭27法289）

育児休業法………地方公務員の育児休業等に関する法律
　　　　　　　　　（平3法110）

条文引用表示

自治法2条②Ⅱ……………地方自治法第2条第2項第2号

これで完璧

地方公務員法200問

◎ 1 ★ 地方公務員に関する法体系

地方公務員法の制定に関する記述として妥当なのは，次のどれか。

1 地方公務員法は，人事行政に関する根本基準を確立するために定められた基本法であり，一般職に属する地方公務員に例外なく適用される。

2 地方公務員法は，地方公共団体の行政の民主的かつ能率的な運営を保障し，もって地方自治の本旨の実現に資することを目的として，国家公務員法と同時に制定された。

3 地方公務員法は，条例で人事委員会又は公平委員会の設置，職員に適用される基準の実施その他職員に関する事項について，必要な規定を定めるものとしている。

4 地方公務員法は，一般職と特別職の区分を定めるとともに，地方公共団体の長をはじめ特別職に属する職員の定数，任命の方法，任期等について規定している。

5 地方公務員法は，各種行政委員会の委員とその補助職員の設置について定めている。

◎ 2 ★ 地方公務員法の基本理念

地方公務員法の基本理念に関する記述として妥当なのは，次のどれか。

1 地方公務員法は，行政の中立性，安定性を確保するため職員の採用，昇任等において，スポイルズシステムを採用している。

2 地方公務員法は，公正な行政運営を確保するため，職員の政治的中立性を保障し，政治的影響力から職員を保護している。

3 公務員の労働基本権は，公務員が全体の奉仕者であることから，必然的に制限されるものではなく，許される争議行為もあり得る。

4 地方公務員法は，競争試験について，すべての国民に対し平等の条件で公開することとしているので，受験者に対し一定の資格要件を求めるのは平等原則に反する。

5 公務員は，全体の奉仕者としての公共性から，日本国憲法28条にいう勤労者に含まれない。

1 正解チェック欄　1回目☐　2回目☐　3回目☐

1　×　誤り。地方公務員法は，一般職に属するすべての地方公務員に適用される（法4条）が，同法57条で公立学校の教員，単純な労務に雇用される者などは特例を認めている。

2　×　誤り。国家公務員法は昭和22年10月に制定，地方公務員法は昭和25年12月に制定された。地方公務員法は人事行政に関する根本基準を確立することにより，設問のとおりの内容を目的としている（法1条）。

3　○　正しい。地方公務員法に定める根本基準に従い，設問のとおり条例で必要な規定を定めるものとしている（法5条①）。

4　×　誤り。特別職に属する地方公務員の定数，任命の方法等は主に地方自治法に規定されている。

5　×　誤り。行政委員会とその補助職員の設置については，地方公務員の設置を定める組織法としての地方自治法などで定められている。

正解　3

 2 正解チェック欄　1回目☐　2回目☐　3回目☐

1　×　誤り。スポイルズシステム（猟官制）ではなく，メリットシステム（成績主義）である。

2　○　正しい。地方公務員法は成績主義を採用するとともに，政治的行為を制限する規定を設け，職員の政治的中立性を保障している（法36条⑤）。

3　×　誤り。判例（最判昭51.5.21）は，公務員の全体の奉仕者性，職務の公共性，勤務条件条例主義の存在などにより，争議権は公共性と相容れず労働基本権の制限はやむを得ない，として争議行為禁止（法37条）の限定解釈をとっていない。

4　×　誤り。特に，へき遠の地に勤務する職員の職につき，当該地域の近辺居住者に限り受験できるとする等，当該職の職務の遂行上必要な最小かつ適当の限度の客観的かつ，画一的要件と認められる限り，住所地により受験資格を限定することはさしつかえないとされる（行実昭28.6.26）。

5　×　誤り。公務員は憲法28条にいう勤労者に含まれる。

正解　2

◎ 3 ★ 地方公務員の意義と種類 ①全体の奉仕者

地方公務員法に関する記述として妥当なのは，次のどれか。

1　地方公務員法は，職員の勤務条件が住民の意思の表れである規則に基づくことによって，勤労者としての権利を保障している。

2　地方公務員は，全体の奉仕者としての特殊性をもつが，憲法28条の勤労者に含まれ個人としての生活を維持する権利が保障されている。

3　公務員は全体の奉仕者であり，公私にわたって公共の利益のために，全力を挙げて専念しなければならないとされている。

4　地方公務員法は，職員が全体の奉仕者としての性格を維持し，公正な行政運営を確保するため，職員の政治的行為をすべて制限している。

5　公務員も勤労者として対価を得て労働提供するものであるから，民間企業の労働者と同様に労働基本権が保障される。

◎ 4 ★ 地方公務員の意義と種類 ②国家公務員と地方公務員

国家公務員と地方公務員に関する記述として妥当なのは，次のどれか。

1　ある者が地方公務員であるかどうかは，任命行為の有無，職員の性質，報酬の支給に即して検討する必要があるが，例として，明るく正しい選挙推進協議会の委員は地方公務員であるとされる。

2　民生委員は，都道府県知事の推薦によって厚生労働大臣が委嘱しているため，特別職の国家公務員である。

3　国家公務員であるかどうかの決定権は人事院にあるとされ，地方公務員であるかどうかは，人事委員会又は公平委員会が決定する。

4　国の事務として行われる基幹統計調査事務に従事する統計調査指導員は，特別職の国家公務員であるが，国民年金等の事務に従事する地方事務官は，一般職の国家公務員である。

5　都道府県警察の職員のうち，警視正以上の階級に当たる警察官は国家公務員に当たる。

3 　　　正解チェック欄　　　 1回目 ☐ 2回目 ☐ 3回目 ☐

1　×　誤り。職員の勤務条件は，規則ではなく条例によって定められる（条例主義）。任命権者の一方的な意思により勤務条件を押し付けることなく，多様な意見を代表する議会において決定されることが，職員の利益になるということである。

2　○　正しい。公務員は憲法28条にいう勤労者に含まれる。労働基本権の制限を受けるのは，全体の奉仕者としての性格に基づくものである。

3　×　誤り。職務専念義務は，勤務の遂行に当たる勤務時間の中だけにしか存在しない（法35条）。市民としての私生活にまで拘束，干渉が及ぶものではない。

4　×　誤り。行政の公正な運営の確保と，職員の利益保護のため，職員の政治的行為を一部制限している（法36条）。

5　×　誤り。原則として労働基本権は保障されるが，民間企業の労働者と同様ではなく，争議行為の禁止（法37条）など職務の公共性や全体の奉仕者性から制約を受けている。

　　　　　　　　　　　　　　　　　　　　　　正　解　2

 4 　　　正解チェック欄　　　 1回目 ☐ 2回目 ☐ 3回目 ☐

1　×　誤り。明るく正しい選挙推進協議会の委員は地方公務員に該当しない（行実昭43.6.20）。あくまでボランティアである。

2　×　誤り。民生委員は，都道府県知事の推薦によって厚生労働大臣が委嘱する（民生委員法5条①）とされ，名誉職で報酬も支給されないが，非常勤の特別職の地方公務員とされる（行実昭26.8.27）。

3　×　誤り。地方公共団体及び特定地方独立行政法人のすべての公務員は地方公務員（法3条①）とされるが，例外として地方事務官や地方警務官がある。国家公務員であるか否かは人事院に決定権があるが，特定の者が地方公務員であるか否かは，地方公務員法に特段の規定がなく，任命権者が決定することになる。

4　×　誤り。国の指定統計（現基幹統計）調査事務に従事する統計調査指導員は，国の任命にかかるものは一般の国家公務員，地方公共団体の任命にかかるものは，当該任命権者の属する地方公共団体の特別職の地方公務員とされる（行実昭35.9.19）。

5　○　正しい。警視正以上の階級に当たる警察官を地方警務官と呼び，国家公務員とされる（警察法56条①）。

　　　　　　　　　　　　　　　　　　　　　　正　解　5

◉5 ★★ 地方公務員の意義と種類 ③一般職と特別職

地方公務員法上，一般職と特別職に関する記述として妥当なのは，次のどれか。

1　一般職と異なり，特別職には地方公務員法の規定は一切適用されない。

2　地方公務員は，一般職も特別職もともに終身職として採用されることを前提としている。

3　一般職も特別職も成績主義の原則が適用され，任用は受験成績，人事評価その他能力の実証に基づいて行わなければならない。

4　臨時又は非常勤の顧問，参与，調査員，嘱託員等として任用される者すべてが特別職である。

5　特別職である者に一般職である者の行う事務取扱を兼ねて行わせている場合は，一般職に属する地方公務員として，その地位について地方公務員法の適用を受ける。

◉6 ★ 地方公務員の意義と種類 ④一般職

地方公務員法上，一般職に関する記述として妥当なのは，次のどれか。

1　一般職に属する地方公務員は，任用に当たって成績主義の原則が適用され，受験成績，人事評価その他の能力の実証に基づいて任用される。

2　一般職の職員は，常時勤務することを要するか否かによって，常勤職員と非常勤職員に区別できるが，非常勤職員である会計年度任用職員については政治的行為の制限や争議行為の禁止等の規定は適用されない。

3　一般職の常勤職員には条例で給与を支給しなければならないが，非常勤職員については，規則で報酬を支給しなければならない。

4　一般職に属する地方公務員は，特定地方独立行政法人の役員を含み，この役員にはその勤労の対価として給料や諸手当が支払われ，地方公務員法が適用される。

5　臨時的任用職員は，その就任について人事委員会の承認を必要とするので，特別職とされる。

5　正解チェック欄　1回目□　2回目□　3回目□

1　×　誤り。法律に特別の定めがある場合を除く外，特別職に属する地方公務員には適用しない（法4条②）。特別の定めとして，特別職である人事委員会又は公平委員会の委員には，地方公務員法の一部が適用（法9条の2⑫）されている。

2　×　誤り。一般職は通常終身職とされるが，特別職は一定の任期あるいは雇用期間を限って採用されるのが前提となっている。

3　×　誤り。一般職は成績主義が全面的に適用される。特別職は，住民の選挙，議会の議決，任命権者の特別の信任又は特別の知識経験等により，就任又は任用され，成績主義の原則は必ずしも適用されない。

4　×　誤り。本来制度が想定している特別職の範囲は通常の事務職員等であっても「専門的な知識，経験等に基づき助言，調査等を行う者」とされ，法律で厳格化されている（法3条③Ⅲ）。

5　○　正しい。特別職である人事委員会の委員が一般職に属する事務局長の職を兼ねた場合，事務局長の地位について地方公務員法の適用を受ける（行実昭26.2.24）。　　正解　5

 6　正解チェック欄　1回目□　2回目□　3回目□

1　○　正しい。成績主義は任用の根本基準である。職員の任用は，地方公務員法の定めるところにより受験成績，人事評価その他能力の実証に基づいて行わなければならない（法15条）。

2　×　誤り。地方公務員法の規定は，一般職に属するすべての地方公務員に適用される（法4条①）としており，政治的行為の制限や争議行為の禁止等の規定は常勤，非常勤職員を問わず適用される。従って，一般職の非常勤職員である会計年度任用職員にも適用される。

3　×　誤り。職員の給与は条例に基づいて支給されなければならず（法25条①），非常勤職員についても，条例に基づき給料報酬を支給しなければならない（自治法203条の2，204条①）。

4　×　誤り。特定地方独立行政法人の役員は一般職ではなく，特別職である（法3条③Ⅵ）。

5　×　誤り。臨時的任用職員は特別職ではない。一定期間を限って雇用する臨時的任用職員は，一般職に属する（行実昭26.5.1）。　　正解　1

Q7 ★ 地方公務員の意義と種類 ⑤特別職

地方公務員法上, 特別職に関する記述として妥当なのは, 次のどれか。

1 公安委員会の委員は, 住民の公選によって就任する職ではないため, 特別職ではない。

2 特別職は恒久的な職であって, かつ職業的公務員の職であり, 特別職に任用された者は, 地方公務員法が全面的に適用されその身分が保障される。

3 住民は, 地方自治法の定めるところにより, その属する普通地方公共団体のすべての特別職の解職を請求する権利を有する。

4 特別職には, その就任について地方公共団体の議会の選挙を必要とする職があり, その職の例として選挙管理委員があげられる。

5 地方公務員である警察職員は, 警察の職務の特殊性に基づいて, 消防職員と同様に特別職とされている。

Q8 ★ 地方公務員の意義と種類 ⑥特別職

次のAからEのうちから, 地方公務員法に定める特別職に属する公務員を選んだ場合の組合せとして妥当なのは, 1から5のうちのどれか。

A 専門的な知識経験等に基づき助言, 調査等を行う臨時又は非常勤の顧問, 参与, 調査員, 嘱託員

B 警視正以上の階級にある警察官

C 議会事務局の職員

D 地方公営企業の管理者

E 定年前再任用短時間勤務職員

1 A, C
2 A, D
3 B, D
4 B, E
5 C, E

7　　正解チェック欄　　1回目□ 2回目□ 3回目□

1　×　誤り。公安委員会の委員は，住民の公選ではないが議会の同意を要する職とされ（警察法39条），特別職である。

2　×　誤り。特別職は一定の任期が定められ，又は終身勤務を前提にしないで任用されるので恒久的な職ではない。地方公務員法の規定は，法律に特別の定めがある場合を除くほか，特別職に属する地方公務員には適用されない（法4条②）。

3　×　誤り。特別職である議会の議員，副知事若しくは副市町村長，選挙管理委員，監査委員，公安委員等に対し，地方自治法の定めるところにより解職を請求する権利が認められている（自治法13条）。しかし，解職請求権はすべての特別職に及ぶものではない。

4　○　正しい。議会の選挙を必要とする職として，選挙管理委員があげられる（自治法182条）。

5　×　誤り。警察職員や消防職員は一般職である。

正　解　4

 8　　正解チェック欄　　1回目□ 2回目□ 3回目□

地方公務員法で規定する特別職は，次のとおり（法3条③各号）。

Ⅰ　就任について公選又は地方公共団体の議会の選挙，議決若しくは同意によることを必要とする職

ⅠのⅡ　地方公営企業の管理者及び企業団の企業長の職

Ⅱ　法令又は条例，地方公共団体の規則若しくは地方公共団体の機関の定める規程により設けられた委員及び委員会（審議会その他これに準ずるものを含む）の構成員の職で臨時又は非常勤のもの

ⅡのⅡ　都道府県労働委員会の委員の職で常勤のもの

Ⅲ　臨時又は非常勤の顧問，参与，調査員，嘱託員及びこれらの者に準ずる者の職（専門的な知識経験又は識見を有する者が就く職であって，当該知識経験又は識見に基づき助言，調査，診断その他総務省令で定める事務を行うものに限る）

ⅢのⅡ　投票管理者，開票管理者，選挙立会人等（令和2年から明記）

Ⅳ　地方公共団体の長，議会の議長その他地方公共団体の機関の長の秘書の職で条例で指定するもの

Ⅴ　非常勤の消防団員及び水防団員の職

Ⅵ　特定地方独立行政法人の役員

Bは一般職の国家公務員で，CとEは一般職の地方公務員である。

正　解　2

Q9 ★★★ 任命権者 ①任命権の委任

任命権者に関する記述として妥当なのは，次のどれか。

1 任命権者は，その権限の一部を補助機関でない者に対しても委任することができる。

2 任命権者からその任命権の委任を受けた者は，受任者の名と責任において権限を行使することができる。

3 任命権者からその任命権の委任を受けた者は，必要があれば，その権限を他の者に委任することができる。

4 任命権者は，その任命権の一部を補助機関である上級の地方公務員の一般職に限り委任することができる。

5 任命権者は，委任した任命権に対し，自らも権限を行使することができる。

Q10 ★★★ 任命権者 ②任命権の委任

任命権者に関する記述として妥当なのは，次のどれか。

1 任命権者は，地方公共団体においては，当該地方公共団体の長及び当該地方公共団体に執行機関として置かれる委員会又は委員に限られる。

2 任命権者からその任命権の一部の委任を受けることができる者は，当該任命権者の補助機関である上級の地方公務員に限られる。

3 任命権者は，職員の任命を行う権限を委任することができるが，職員の休職，免職及び懲戒を行う権限を委任することはできない。

4 任命権者は，職員の任命を行う権限等の一部を委任することができるが，職員の人事評価を行う権限を委任することができない。

5 任命権者からその任命権の一部の委任を受けた地方公務員は，委任者の名義と責任において，その権限を行使する。

9 　　　**正解チェック欄**　　　| 1回目 □ | 2回目 □ | 3回目 □ |

1　×　誤り。任命権の委任は，補助機関である上級の地方公務員に対してなされるものである（法6条②）。

2　○　正しい。

3　×　誤り。受任者が任命権を他の者にさらに委任すること（復委任）はできない（行実昭27.1.25）。

4　×　誤り。上級の地方公務員には，一般職に限らず特別職も含まれる。なお，どのような者が上級の地方公務員に当たるかについては，地方公共団体の実態と社会通念によって相対的に判断すべきであるとされている。

5　×　誤り。任命権の委任は公法上の委任であり，委任者の権限は受任者に移転する。このため，任命権者が任命権の一部を委任してしまえば，それに対してはもはや権限を行使することはできない。

| 正　解　　2 |

 10 　　　**正解チェック欄**　　　| 1回目 □ | 2回目 □ | 3回目 □ |

1　×　誤り。執行機関ではない議会の議長も任命権者である。（法6条①）

2　○　正しい。（法6条②）

3　×　誤り。任命権のすべてを委任することはできないが，委任される任命権の内容に設問のような制限はない。（法6条①）

4　×　誤り。人事評価も任命権者の権限とされる（法6条①）。したがって，補助機関である上級の地方公務員に権限を委任できる。（法6条②）

5　×　誤り。任命権の委任は公法上の委任であり，委任者の権限は受任者に移転する。受任者は，受任者の名義と責任において，その権限を行使する。

| 正　解　　2 |

🎯11 ★ 人事委員会 ①権限

人事委員会の権限でないものは，次のどれか。

1　人事委員会勧告に伴う給与改定予算における議会提案の事前審査。

2　職員の勤務条件に関する条例の改正に関する意見の申し出。

3　選考職として指定された課長以上の職への昇任選考。

4　職員の研修に関する計画の立案その他研修の方法についての勧告。

5　執務環境改善についての措置要求の審査。

🎯12 ★ 人事委員会 ②権限

人事委員会の権限でないものは，次のどれか。

1　管理職員等の範囲を定める規則を制定すること。

2　職員の苦情を処理すること。

3　給料表について議会及び長に報告又は勧告すること。

4　労働基準の監督を行うこと。

5　公務災害補償の決定に対する審査請求をすること。

11 正解チェック欄 1回目 □ 2回目 □ 3回目 □

1　○　正しい。人事委員会は，給与に関して勧告することができる
　が（法8条①V，法26条），その勧告に伴う給与改定予算における
　議会提出予算の事前審査を行うことはできない。
2　×　誤り（法8条①Ⅲ）。
3　×　誤り（法8条①Ⅵ）。
4　×　誤り（法39条④）。
5　×　誤り（法8条①Ⅸ，47条）。

　　　　　　　　　　　　　　　　　　　　　　│ 正 解　　1 │

 12 正解チェック欄 1回目 □ 2回目 □ 3回目 □

1　×　誤り（法52条④）。
2　×　誤り（法8条①Ⅺ）。
3　×　誤り（法26条）。
4　×　誤り（法58条⑤）。
5　○　正しい。地方公務員の公務災害補償については，法45条の規
　定を受け地方公務員災害補償法が定められている。補償の決定をす
　るのは地方公務員災害補償基金の支部長であり，その決定に対して
　不服のある者は，地方公務員災害補償基金支部審査会に審査請求を
　行うことができる。

　　　　　　　　　　　　　　　　　　　　　　│ 正 解　　5 │

◎13 ★ 人事委員会 ③委員

人事委員会の委員に関する記述として妥当なのは，次のどれか。

1　人事委員会の委員は，地方公共団体の長により議会の同意を得て選任されるが，心身の故障のため職務の遂行に堪えないと認められるときは，議会の同意を得ることなく罷免される。

2　人事委員会の委員は，当該地方公共団体の議会の議員と兼職することはできるが，当該地方公共団体の職員とは兼職することができない。

3　人事委員会の委員は，営利企業への従事等制限の規定の適用を受けないが，職務専念義務の規定の適用は受ける。

4　人事委員会の委員は，常勤，非常勤のいずれとすることも可能であるので，3人の委員のうち1人を常勤とし2人を非常勤とすることもできる。

5　人事委員会の委員のうち，1人の委員がすでにある政党に所属している場合に，他の1人の委員が同じ政党に新たに加入したときは，この2人とも罷免される。

◎14 ★ 人事委員会 ④長との関係

人事委員会に関する記述として妥当なのは，次のどれか。

1　職員の勤務条件に関する条例を改正する場合，地方公共団体の長はあらかじめ人事委員会と協議することが義務づけられている。

2　職員を採用する場合は，地方公共団体の長は人事委員会の作成した採用候補者名簿に登載された者のうちから採用しなければならない。

3　地方公共団体の長は，人事委員会の不利益処分の判定に不服がある場合，裁判所に出訴することができる。

4　人事評価は任命権者の権限であり，人事委員会は人事評価の実施について，地方公共団体の長に勧告することはできない。

5　人事委員会は，毎年少なくとも1回，給料表が適当であるかどうかについて地方公共団体の議会及び長に同時に報告するものとされている。

13 　　正解チェック欄　　 1回目 ☐　2回目 ☐　3回目 ☐

1　×　誤り。人事委員会の委員が心身の故障のため職務の遂行に堪えないと認められるときは，議会の同意を得て罷免される。この場合，議会の常任委員会又は特別委員会において公聴会を開かなければならない（法9条の2⑥）。

2　×　誤り。人事委員会の委員は，地方公共団体の議会の議員及び当該地方公共団体の職員と兼職することができない（法9条の2⑨）。

3　×　誤り。常勤の人事委員会の委員は，営利企業への従事等制限の規定及び職務専念義務の規定の適用を受けるが，非常勤の人事委員会の委員は，いずれの規定の適用も受けない（法9条の2⑫）。

4　○　正しい。人事委員会の委員は，常勤又は非常勤とする（法9条の2⑪）とのみ定められており，設問のようにすることもできる。

5　×　誤り。人事委員会の委員のうち，2人以上が同一の政党に属することとなった場合には，これらの者のうち1人を除く他の者が罷免されると定められており（法9条の2⑤），同一政党に2人が所属したときに，この2人とも罷免されるわけではない。

|正　解　　4|

 14 　　正解チェック欄　　 1回目 ☐　2回目 ☐　3回目 ☐

1　×　誤り。当該地方公共団体の議会において人事委員会の意見を聞かねばならないが（法5条②），長があらかじめ人事委員会と協議することが義務づけられているものではない。

2　×　誤り。採用候補者名簿に記載されていた者がすべて採用されてしまっていたり，残りの者がすべて採用を辞退したような場合などには，採用候補者名簿がないことになるので，法18条に基づき，国又は他の地方公共団体の競争試験又は選考に合格した者を合格者とみなして採用することができる。

3　×　誤り。人事委員会の不利益処分の判定については，任命権者その他地方公共団体の機関側からは，不服があっても出訴できない（行実昭27.1.9）。

4　×　誤り。人事委員会は，人事評価の実施に関し任命権者に勧告することができる（法23条の4）。

5　○　正しい（法26条）。

|正　解　　5|

●15 ★ 人事委員会及び公平委員会 ①設置

人事委員会及び公平委員会に関する記述として妥当なのは，次のどれか。

1　人事委員会の共同設置は，都道府県相互間ではできないが，地方自治法第252条の19第1項の指定都市相互間ではできる。

2　特別区は，単独で人事委員会又は公平委員会のいずれかを選択して設置することはできないが，共同して人事委員会又は公平委員会を設置することはできる。

3　公平委員会を設置する地方公共団体相互間では公平委員会の事務を委託することはできるが，公平委員会の共同設置をすることはできない。

4　地方自治法第252条の19第1項の指定都市以外のすべての市は，単独で人事委員会を設置することはできるが，共同して公平委員会を設置することはできない。

5　公平委員会を設置する地方公共団体が，公平委員会の事務の委託ができるのは他の地方公共団体の人事委員会に対してであり，公平委員会に対してではない。

●16 ★★ 人事委員会及び公平委員会 ②設置

人事委員会及び公平委員会に関する記述として妥当なのは，次のどれか。

1　人事委員会は，都道府県，地方自治法上の指定都市及び指定都市以外の人口15万人以上の市においては必置の機関である。

2　人事委員会は，行政的権限のほか準立法的権限及び準司法的権限を有するが，このうち規則制定権，勤務条件に関する措置要求の審査の権限及び不利益処分に関する審査請求の審査の権限を当該地方公共団体の他の機関に委任することはできない。

3　人事委員会又は公平委員会は，法律又は条例に基づく権限の行使に関し，判断の基礎となる資料を得るため，証人を喚問することはできないが，関係者から書類の提出を求めることができる。

4　公平委員会を置く地方公共団体は，他の地方公共団体と共同して公平委員会を設置することはできない。

5　公平委員会は，その権限が給料表に関する報告及び勧告等の行政的権限に限定されており，公平委員会の事務を他の地方公共団体の人事委員会に委託して処理することはできない。

15　　正解チェック欄　　1回目□　2回目□　3回目□

1　×　誤り。人事委員会の共同設置は，地方自治法252条の7に定める機関の共同設置に当たる。したがって，都道府県相互間あるいは指定都市相互間でなければならないといった制限はない。

2　×　誤り。かつては都の特別区は公平委員会しか設置できないとされていたが，昭和52年の地方公務員法の改正により，人事委員会，公平委員会のいずれでも設置できるようになった（法7条②）。現在特別区は人事委員会を共同で設置している。

3　×　誤り。公平委員会を置く地方公共団体は，公平委員会を置く他の地方公共団体と共同して公平委員会を置くことができるが，公平委員会を置く地方公共団体相互間で公平委員会の事務を委託することはできない（法7条④）。

4　×　誤り。指定都市以外の市の場合，人口15万人以上の市は人事委員会を置くことができ（法7条②），人口15万人未満の市は公平委員会を置くものとされている（法7条③）。また，公平委員会を置く市は，他の公平委員会を置く市と共同して公平委員会を設置することができる。

5　○　正しい（法7条④）。　　　正　解　5

16　　正解チェック欄　　1回目□　2回目□　3回目□

1　×　誤り。人事委員会は，指定都市以外の人口15万人以上の市においては任意に設置することができる（法7条②）。

2　○　正しい。委任できる事務は限定されている（法8条③）。

3　×　誤り。人事委員会及び公平委員会は，その権限の行使に関して必要があるときは，書類又はその写しの提出を求めることができるばかりでなく，証人を喚問することもできる（法8条⑥）。

4　×　誤り。公平委員会を置く地方公共団体は，他の地方公共団体と共同して公平委員会を設置することができる（法7条④）。

5　×　誤り。公平委員会の権限は，人事委員会の権限と同じように，行政的権限，準司法的権限及び準立法的権限にわたっている。しかし，人事委員会に比較して，行政的権限と準立法的権限の範囲が限定されている。また，公平委員会の事務を他の地方公共団体の人事委員会に委託して処理することは可能である（法7条④）。

　　　正　解　2

Q17 ★★★ **人事委員会及び公平委員会 ③設置**

地方公務員法に定める人事委員会又は公平委員会に関する記述として妥当なのは，次のどれか。

1　人事委員会を設置する市では，他の地方公共団体と共同して人事委員会を設置することはできない。

2　人事委員会は，行政的権限，準立法的権限及び準司法的権限を有し，法律又は条例に基づく権限の行使に関し必要があるときには，証人を喚問し，又は書類やその写の提出を求めることができる。

3　公平委員会は，人事行政に関する専門的な機関であり，毎年少なくとも1回，地方公共団体の議会と長に給料表の適否について報告し，給料表に定める給料額の増減について勧告することができる。

4　公平委員会を置く地方公共団体は，勤務条件に関する措置要求の審査などの事務を他の地方公共団体の公平委員会に委託することができる。

5　人事委員会又は公平委員会は，3人の委員が出席しなければ，いかなる場合でも会議を開くことができない。

Q18 ★★★ **人事委員会及び公平委員会 ④設置**

地方公務員法に定める人事委員会又は公平委員会に関する記述として妥当なのは，次のどれか。

1　都道府県においては，必ず人事委員会を置くものとされているが，指定都市においては，人事委員会又は公平委員会のいずれかを置くものとされている。

2　人事委員会は，複数の地方公共団体が共同して設置することはできないが，公平委員会は，事務の簡素化・能率化のため，共同して設置することができる。

3　人事委員会は，3人の委員をもって組織される合議制の機関であり，委員は，議会の同意を得て，地方公共団体の長が選任する。

4　人事委員会の委員は，強い身分保障が図られており，委員に就任した後は，その意に反して罷免されることはない。

5　公平委員会は，人事委員会と比較して権限の範囲が限定されており，行政的権限と準司法的権限を有するが，準立法的権限は有していない。

17　　正解チェック欄　　1回目 □　2回目 □　3回目 □

1　×　誤り。人事委員会の共同設置は地方公務員法上はできない
　　が，地方自治法252条の7及び284条以下の規定に基づき，一部事務
　　組合という形で人事委員会を共同設置することは可能とされてい
　　る。
2　○　正しい（法8条⑥）。
3　×　誤り。公平委員会は，人事委員会と異なり，設問の権限は有
　　しない（法26条）。
4　×　誤り。公平委員会が事務を委託できるのは，他の地方自治体
　　の人事委員会に対してである（法7条④）。
5　×　誤り。会議を開かなければ公務の運営又は職員の福祉若しく
　　は利益の保護に著しい支障が生ずると認められる十分な理由がある
　　ときは，2人の委員が出席すれば会議を開くことができる（法11条
　　②）。

正　解　　2

 18　　正解チェック欄　　1回目 □　2回目 □　3回目 □

1　×　誤り。指定都市においても，必ず人事委員会を置くものとさ
　　れている（法7条①）。
2　×　誤り。公平委員会は，地方公務員法で共同設置が認められて
　　いる（法7条④）。また人事委員会の共同設置は，地方自治法で認
　　められている（自治法252条の7①）。
3　○　正しい（法9条の2①，②）。人事委員会は合議制の機関で
　　あり，その議事は，出席委員の過半数で決する（法11条③）。
4　×　誤り。委員の意に反して罷免することができる場合が2つあ
　　る。一つは，同一の政党に属する委員が2人以上になったときで，
　　1人を残して地方公共団体の長は，議会の同意を得て委員を罷免す
　　る（法9条の2⑤）。もう一つは，地方公共団体の長が，委員が心
　　身の故障のため職務の遂行に耐えないと認めるとき，又は委員に職
　　務上の義務違反その他委員たるに適しない非行があると認めるとき
　　で，やはり議会の同意を得て委員を罷免できる（法9条の2⑥）。
5　×　誤り。公平委員会も，公平委員会規則を制定することができ
　　る（法8条⑤）。

正　解　　3

◉19 ★ 人事委員会及び公平委員会 ⑤権限

人事委員会及び公平委員会に関する記述として妥当なのは，次のどれか。

1 人事委員会の勧告権限には，強制力はないが，地方公共団体の長及び議会に対して道義的な拘束力を有する。

2 人事委員会の規則制定権は，法律に基づき，その権限に属するものとされている事項に限られる。

3 人事委員会のすべての権限は，当該地方公共団体の機関等に委任することができる。

4 人事委員会が有する権限は，任命権者から独立した人事行政機関としての機能を果たすもので，公平委員会も同様な権限を有している。

5 人事委員会が保有する権限として，証人の喚問及び書類の提出要求権が認められているが，この権限は公平委員会には認められていない。

◉20 ★ 人事委員会及び公平委員会 ⑥権限

人事委員会及び公平委員会に関する記述として妥当なのは，次のどれか。

1 職員から提出された給与，勤務時間その他の勤務条件に関する措置の要求を審査し，判定し，必要な措置を執る権限は，人事委員会は有するが公平委員会は有しない。

2 人事機関及び職員に関する条例の制定又は改廃に関し，地方公共団体の議会及び長に意見を申し出る権限は，人事委員会及び公平委員会のいずれもが有する。

3 管理職員等と管理職員等以外の職員とは同一の職員団体を組織することができず，この管理職員等の範囲の決定権限は，人事委員会は有するが公平委員会は有しない。

4 法律又は条例に基づく権限の行使に関し必要があるときに，証人を喚問し又は書類若しくはその写しの提出を求める権限は，人事委員会及び公平委員会のいずれもが有する。

5 登録を受けた職員団体が職員団体でなくなったときに，当該職員団体の登録の効力を停止し又は取り消す権限は，人事委員会は有するが公平委員会は有しない。

22

 19 　　正解チェック欄　　| 1回目 | 2回目 | 3回目 |

1　○　正しい。
2　×　誤り。人事委員会の規則制定権は，法律に基づくだけではなく，条例に基づきその権限に属するものとされた事項にも及ぶ（法8条⑤）。
3　×　誤り。人事委員会の権限の委任を規定する法8条3項において，委任できるものを列挙している。したがって勤務条件の措置要求の審査に関する権限，不利益処分の審査請求の審査に関する権限及び人事委員会の規則制定権などは，委任できない。
4　×　誤り。公平委員会の権限は，行政的権限及び準立法的権限において，人事委員会に比較してその範囲が限定されている。
5　×　誤り。法律又は条例に基づくその権限の行使に関し必要があるときは，人事委員会及び公平委員会ともに，証人を喚問し，又は書類若しくはその写しの提出を求めることができる（法8条⑥）。

正　解　1

 20 　　正解チェック欄　　| 1回目 | 2回目 | 3回目 |

1　×　誤り。人事委員会及び公平委員会ともに，職員の給与，勤務時間その他の勤務条件に関する措置の要求を審査し，判定し，必要な措置をとる権限を有する（法8条①Ⅸ，②Ⅰ，47条）。
2　×　誤り。人事機関及び職員に関する条例の制定又は改廃に関し，議会及び長に意見を申し出る権限は，人事委員会のみの権限であり，公平委員会の権限には属さない（法8条①Ⅲ）。行政的権限については，公平委員会の権限の及ぶ範囲は少ない。
3　×　誤り。管理職員等の範囲は，人事委員会規則又は公平委員会規則で定めるとされており（法52条④），両委員会とも決定権限を有する。なお，前段は正しい（法52条③）。
4　○　正しい（法8条⑥）。
5　×　誤り。登録を受けた職員団体が職員団体でなくなったとき，当該登録団体の登録の効力を停止し又は取り消す権限は，人事委員会及び公平委員会のいずれもが有する（法53条⑥）。

正　解　4

⊘21 ★★ 人事委員会及び公平委員会 ⑦権限

人事委員会及び公平委員会に関する記述として妥当なのは，次のどれか。

1 公平委員会は，人事委員会と同様，職員団体の登録等，職員団体に関する権限は有するが，人事委員会と異なり直接労使の紛争を調整する権限は有しない。

2 公平委員会は，人事委員会と異なり労働基準監督機関としての権限を有しないので，その権限は当該市町村長が行使する。

3 公平委員会は，人事委員会と同様，職員に関する条例の改廃について議会に申し出ることができる。

4 公平委員会は，人事委員会と同様，それぞれの議会の議決があれば共同設置が許されるが，公平委員会が人事委員会に事務の委託を行うことは許されない。

5 公平委員会は，人事委員会と異なり法的な強制力のある給与制度の改善に関する勧告の権限はなく，職員の給与に関する措置要求の審査権も有しない。

⊘22 ★★★ 人事委員会及び公平委員会 ⑧権限

人事委員会及び公平委員会の権限に関する記述として妥当なのは，次のどれか。

1 人事委員会は，勤務条件に関する措置要求に対して審査を行い，権限に属する事項については自ら実行することができるが，公平委員会には審査の結果に基づいて実行する権限はない。

2 人事委員会は，職員の給与が地方公務員法及びこれに基づく条例に適合して行われることを確保するため必要な範囲において，職員に対する給与の支払いを監理することができる。

3 人事委員会及び公平委員会は，給与を決定する諸条件の変化により，給料表に定める給料額を増減することが適当であると認めるときは，地方公共団体の議会及び長に対し，適当な勧告ができる。

4 人事委員会又は公平委員会は，必要があると認めるときは，勤務条件に関する措置要求の判定又は勧告を除き，審査に関する事務の一部を人事委員会の委員又は公平委員会の委員に委任できる。

5 人事委員会は，人事行政に関する技術的及び専門的な知識，資料その他の便宜の授受のため，国又は他の地方公共団体の機関との間に協定を結ぶことができるが，公平委員会は，これができない。

24

 21 　　**正解チェック欄** 　1回目□ 2回目□ 3回目□

1　×　誤り。人事委員会も直接労使の紛争を調整する権限を有する
わけではない。
2　○　正しい（法58条⑤）。
3　×　誤り。公平委員会は，議会に対しても長に対しても，職員に
関する条例の改廃について意見を申し出る権限を有してはいない。
4　×　誤り。法７条４項により，公平委員会の事務を他の地方公共
団体の人事委員会に委託することができる。なお，委員会の共同設
置については，公平委員会は法７条４項により，人事委員会は地方
自治法252条の７により行う。
5　×　誤り。人事委員会のみが給与に関する権限を有するが（法８
条①Ⅴ，法26条），この勧告は法的な強制力をもつものではない。
また，職員の給与に関する措置要求の審査権は，人事委員会及び公
平委員会のいずれもが有する（法８条①Ⅸ，②Ⅰ，47条）。

　　　　　　　　　　　　　　　　　　　　　正　解　2

 22 　　**正解チェック欄** 　1回目□ 2回目□ 3回目□

1　×　誤り。人事委員会，公平委員会ともにその権限に属する事項
については自ら実行し，その他の事項については当該事項に関して
権限を有する地方公共団体の機関に対して，必要な勧告をしなけれ
ばならない（法47条）。
2　○　正しい（法８条①Ⅷ）。
3　×　誤り。勧告を行うことができるのは，人事委員会のみである
（法26条）。
4　×　誤り。不利益処分に関する審査請求の審査の事務の一部につ
いては，設問のように委任できるが（法50条②），勤務条件に関す
る措置要求の審査については特例規定がないので一切委任できな
い。
5　×　誤り。人事委員会，公平委員会ともに行うことができる（法
８条⑦）。

　　　　　　　　　　　　　　　　　　　　　正　解　2

●23 ★ 人事委員会及び公平委員会 ⑨権限

　人事委員会の権限のうち，人事委員会を置かない地方公共団体において任命権者が行うこととされているのは，次のどれか。
1　職員に対する処分又は審査請求に対する裁決に関し地方公共団体を被告とする訴訟について，当該地方公共団体を代表すること。
2　勤務条件に関する措置要求を審査し，必要な勧告をすること。
3　職員の採用及び昇任について競争試験を行うこと。
4　給料表が適当であるかどうかについて議会に報告すること。
5　職員の勤務条件に関する労働基準監督機関の職権を行うこと。

●24 ★ 人事委員会及び公平委員会 ⑩委員

　人事委員会及び公平委員会の記述として妥当なのは，次のどれか。
1　公平委員会の事務の委託を受けた地方公共団体の人事委員会の委員は，当該事務の処理を委託した地方公共団体の一般職の地方公務員の職を兼ねることができない。
2　人事委員会又は公平委員会の委員がその職務上知り得た秘密を漏らしたことにより刑に処せられたときは，地方公共団体の長は，議会の同意を得てその委員を罷免しなければならない。
3　都道府県及び指定都市の人事委員会には必ず事務局を置き，その他の人事委員会には事務局又は事務職員を置くことができるが，公平委員会には，事務職員を置くこととはされていない。
4　人事委員会は，勤務条件に関する措置の要求及び不利益処分に関する審査請求の事務を処理する場合に限って証人を喚問し，又は書類若しくはその写しの提出を求めることができる。
5　人事委員会の委員のうち，一人の委員が属している政党に他の委員が属することとなった場合には，地方公共団体の長は政党所属関係の異動があった委員を議会の同意を得て罷免しなければならず，この場合においては議会はその委員会において公聴会を開かなければならない。

A 23 　正解チェック欄

1　×　誤り。公平委員会も抗告訴訟において地方公共団体を代表することができるが（法8条の2），任命権者は代表することはできない。

2　×　誤り。勤務条件に関する措置要求を審査し必要な勧告をするのは公平委員会である。

3　×　誤り。人事委員会を置かない地方公共団体においても，公平委員会で競争試験を行うことができ，必ずしも任命権者が行うこととはされていない（法9条①）。

4　×　誤り。職員の利益を保護するために中立的機関としての人事委員会に認められたこの権限を，任命権者が行うことはない。したがって，人事委員会を置かない地方公共団体においては，給料表について報告する機関はなく，情勢適応の原則（法14条）に従って適切な措置をとる必要がある。

5　○　正しい（法58条⑤）。

正解　5

A 24 　正解チェック欄

1回目　2回目　3回目

1　○　正しい（法9条の2⑨）。ただし執行機関の附属機関の委員等は兼ねることができる。

2　×　誤り。人事委員会又は公平委員会の委員が職務上知り得た秘密を漏らしたことにより刑に処せられた場合は，欠格条項に該当するため，罷免ではなく法9条の2・8項に基づき失職する。

3　×　誤り。都道府県及び指定都市の人事委員会は事務局を置き，指定都市以外の市で人口15万人以上のもの及び特別区で人事委員会を設置するところは，事務局又は事務職員のみを置くことができるとされ（法12条①，④），公平委員会には事務職員を置くとされている（法12条⑤）。また，競争試験等を行う公平委員会は事務局を置くことができる（法12条⑥）。

4　×　誤り。設問の行為ができるのは，勤務条件に関する措置の要求及び不利益処分に関する審査請求の事務を処理する場合に限られるものではない（法8条⑥）。

5　×　誤り。議会において公聴会を開く必要はない（法9条の2⑤）。

正解　1

○25　★★★　平等取扱いの原則　①適用対象

平等取扱いの原則の記述として妥当なのは，次のどれか。

1　平等取扱いの原則は，日本国民を対象とするものであり，外国の国籍を有する者は，いかなる場合もこの原則が適用されない。

2　平等取扱いの原則は，地方公共団体の職員となった者だけに適用される原則である。

3　平等取扱いの原則は，勤務条件に適用されるが，その職務と責任の特殊性に応じて取扱いに差を設けることはこの原則に反しない。

4　平等取扱いの原則は，個人の信条に適用され，どの政治団体に属するかによって差別を受けることはない。

5　平等取扱いの原則に違反したことを理由として審査請求ができるが，違反者に対して罰則の適用はない。

○26　★★　平等取扱いの原則　②効果

平等取扱いの原則に関する記述として妥当なのは，次のどれか。

1　地方公務員法第13条の規定は，憲法第14条第1項に規定する「法の下の平等の原則」を地方公務員関係に具体化したものとはいえない。

2　採用及び昇任試験について公開平等の原則がとられていることは，平等取扱いの原則にそったものである。

3　平等取扱いの原則は，任用，勤務条件等，地方公務員の勤務関係にも適用されるが，懲戒処分に関しては適用除外となっている。

4　平等取扱いの原則に違反して差別した者は，3年以下の懲役又は100万円以下の罰金に処せられる。

5　職員が平等取扱いの原則に反する差別的処遇を受けた場合であっても，不利益な処分に対し審査請求をすることはできない。

25 正解チェック欄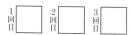

1 × 誤り。対象となる国民には外国人は含まれない（行実昭26.8.15）。しかし，外国の国籍を有する者を職員として採用することは可能であり，採用後はこの原則が適用される。

2 × 誤り。平等取扱いの原則は，採用に関する場合のようにすべての国民に適用される。

3 ○ 正しい。事柄に即した合理的な理由があれば勤務条件であっても差別的取扱いが認められる。

4 × 誤り。政府を暴力で破壊することを主張する政党等を結成し，またはこれに加入した場合には，国家そのものを否定することであるからこの原則は適用されない。

5 × 誤り。平等取扱いの原則に違反して差別した者は，1年以下の懲役又は50万円以下の罰金に処せられる（法60条Ⅰ）。

正 解 3

26 正解チェック欄

1 × 誤り。憲法14条1項では，すべて国民は，法の下に平等であって，人種，信条，性別，社会的身分又は門地により，政治的，経済的又は社会的関係において差別されないとしている。法13条は，この憲法14条1項の原則を地方公務員法の適用関係に具体化したものである。

2 ○ 正しい。採用及び昇任試験の公開平等については法18条の2，21条の4・4項参照。

3 × 誤り。平等取扱いの原則は，職員に適用される身分取扱いのすべてを通じて順守すべき原則であり，分限や懲戒にも適用される。

4 × 誤り。1年以下の懲役又は50万円以下の罰金である（法60条Ⅰ）。

5 × 誤り。職員が受けた差別的処遇を不利益処分として法49条の2に規定する審査請求をすることができる。

正 解 2

●27 ★ 平等取扱いの原則 ③外国人の採用

　地方公務員法における外国人の採用等に関する記述のうち妥当なのは，次のどれか。

1　地方公務員の職のうち公権力の行使又は公の意思の形成に参画するものについて，日本国籍を有しない者を採用することはできない。

2　地方公務員法における平等取扱いの原則により，職等の如何を問わず，日本国籍を有しない者を採用することはできる。

3　地方公務員法は，日本国籍を有しない者を地方公務員として採用することを一律に禁止している。

4　一般事務職員，一般技術職員の採用試験において，日本国籍を有しない者に一般的に受験資格を認めることは何ら問題はない。

5　日本国籍を有しない者を，臨時又は非常勤顧問，参与，嘱託員等の特別職の職として採用することはできない。

●28 ★ 情勢適応の原則

　情勢適応の原則に関する記述として妥当なのは，次のどれか。

1　情勢適応の原則は，職員の勤務条件を決定するに当たって，職務内容が類似している国家公務員との均衡を図ることを義務づけるものである。

2　情勢適応の原則は，地方公共団体の財政運営の適正化を図るために設けられた原則である。

3　情勢適応の原則は，勤労基本権の制限の代償として，職員の勤務条件に関する措置要求の権利を保障している。

4　情勢適応の原則は，地方公務員のうち一般職に適用され，地方公営企業に勤務する職員には適用されないものである。

5　情勢適応の原則は，地方公共団体の長に課せられた責務であり，その措置が講ぜられないときは罰則の適用がある。

27 正解チェック欄 1回目 ☐ 2回目 ☐ 3回目 ☐

1 ○ 正しい。「地方公務員法上，日本の国籍を有しない者を地方公務員として任用することについて直接の禁止規定は存在しないが，公務員の当然の法理に照らして，地方公務員の職のうち公権力の行使または地方公共団体の意思の形成への参画にたずさわる者については日本の国籍を有しない者を任用することはできない。」(行実昭48.5.28)。

2 × 誤り。地方公務員法13条に規定する「すべて国民」には，外国人を含まない（行実昭26.8.15)。

3 × 誤り。地方公務員法において，直接，日本国籍を有しない者の採用を禁止する規定はない。

4 × 誤り。解説1を参照のこと。

5 × 誤り。解説1から，これらの職として採用することは問題ない。

正解 1

 28 正解チェック欄 1回目 ☐ 2回目 ☐ 3回目 ☐

1 × 誤り。情勢適応の原則は，職員の勤務条件を決定するに当たっては職務内容が類似している国家公務員だけではなく，その他の職員，民間労働者の勤務条件，物価及び生計費の動向を考慮することとされている。

2 × 誤り。情勢適応の原則は，職員の経済的権利の保障を目的とするものである。

3 ○ 正しい。情勢適応の原則は，全体の奉仕者としての地位に基づいて職員の勤労基本権が制限されているため，職員の勤務条件の決定に関する基本原則を保障しているものである。なお，人事委員会は，随時，講ずべき措置について地方公共団体の議会及び長に勧告することができることとされている（法14条②)。

4 × 誤り。情勢適応の原則は，地方公務員の一般職のみならず地方公営企業に勤務する職員にも適用される。

5 × 誤り。情勢適応の原則に反しても罰則の適用はない。

正解 3

Q29 ★★★ 成績主義の原則　①意義

成績主義の原則に関する記述として妥当なのは，次のどれか。

1 成績主義の原則は，公務に関して広く有能な人材を求めるとともに，任用に際し政治的情実を防ぎ，人事の公正の確保を図るものである。

2 成績主義の原則は，任用の根本基準に係るものではなく，採用及び昇任のための競争試験の合格の基準を定めたものである。

3 成績主義の原則は，スポイルズシステムとも言われ，安定した政党政治に即した公務を行うため，優秀な人材を選抜することを目的とする。

4 成績主義の原則は，職員に全体の奉仕者としての義務を課すことを目的としている。

5 成績主義の原則は，民主主義の原理から派生したものであり，職員の任用に直接，住民の意思を反映させることを目的としている。

Q30 ★★★ 成績主義の原則　②意義

地方公務員法における成績主義の原則の記述として妥当なのは，次のどれか。

1 成績主義の原則は，行政運営を効率的に行うために優秀な人材を確保するとともに人事を公正に行う原則である。

2 成績主義の原則は，地方公務員制度の基本理念ではあるが，これに違反しても罰則の適用はない。

3 成績主義の原則は，職員のすべての任用に当たって厳格に適用され，一切の例外を認めないものである。

4 成績主義の原則は，受験成績及び人事評価に限定され，その他の能力実証を求めない原則である。

5 成績主義の原則は，全体の奉仕者としての観点と行政サービスの向上をはかる観点から採用された原則である。

29 　　正解チェック欄　　 1回目 □　2回目 □　3回目 □

1　○　正しい。任用の根本基準として法15条に定める成績主義の原則の趣旨は，人材の確保・育成と人事の公正の確保にある。
2　×　誤り。任用の根本基準として定めたものである。
3　×　誤り。成績主義の原則は，メリットシステムと呼ばれ，猟官制に対するものであり，政治に左右されず行政の安定性，効率性を図る観点に立ったものである。
4　×　誤り。全体の奉仕者としての義務づけは，法30条に定める服務の根本基準であって，成績主義の原則とは直接的な関係はない。
5　×　誤り。政治的情実や党派的利益を排除し，公正な人事制度による人材の確保を図るものであるが，住民の意思を任用に反映させるものではない。

正 解　1

30 　　正解チェック欄　　 1回目 □　2回目 □　3回目 □

1　○　正しい。人材の確保・育成と人事行政の公正さの確保を図るための原則である。
2　×　誤り。成績主義の原則に違反した者には，3年以下の懲役又は100万円以下の罰金に処せられる（法61条Ⅱ）。
3　×　誤り。臨時的採用が例外として認められている。
4　×　誤り。受験成績，人事評価のほか，各種免許や学歴などによる能力実証も含まれる（法15条）。
5　×　誤り。成績主義の原則は，人材の確保と育成，人事の公正の確保を直接的な目的としている。

正 解　1

◯Q31 ★ 欠格条項 ①法16条の適用

欠格条項に関する記述として妥当なのは，次のどれか。

1　家庭裁判所において後見開始の審判を受けた成年被後見人，保佐開始の審判を受けた被保佐人及び補助開始の審判を受けた被補助人は，いずれも欠格条項に該当する。

2　刑事事件により禁錮以上の刑の言い渡しを受け，その判決を不服として裁判所に控訴している者は，欠格条項に該当する。

3　職員が，私用で運転中交通事故を起こし執行猶予付きの懲役刑に処せられた場合，当然に失職する。

4　日本国憲法の下に成立した政府を暴力で破壊することを主張する団体に加入するようにそそのかした者は，永久に地方公共団体の職員となることができない。

5　免職処分にした職員を，処分後2年間当該地方公共団体に任用することはできないが，他の地方公共団体が職員として採用することは可能である。

◯Q32 ★ 欠格条項 ②効果

欠格条項に関する記述として妥当なのは，次のどれか。

1　懲戒免職の処分を受け，当該処分の日から2年を経過しない者は，欠格条項に該当するため，地方公共団体の職員となることはできない。

2　破産宣告を受けた者は，欠格条項に該当するため，任命権者は，その者を職員として正式に任用することができないが，人事委員会規則で定めるところにより，臨時的に任用することができる。

3　人事委員会又は公平委員会の委員が，職員の勤務条件に関する措置の要求の申出を故意に妨げたことにより罰金刑に処せられた場合は，欠格条項に該当するため，その委員は，その職を失う。

4　禁錮以上の刑に処せられ，その刑の執行猶予中の者は，欠格条項に該当するため，任命権者は，その者を誤って採用した場合，直ちにその者を免職しなければならない。

5　地方公務員法に定める欠格条項はすべて絶対的なもので，当該欠格条項に該当する者は例外なく失職する。

31 　**正解チェック欄**　| 1回目 □ | 2回目 □ | 3回目 □ |

1　×　誤り。令和元年6月の法改正により成年被後見人及び被保佐人に係る欠格条項は削除された。被補助人はもともと該当しない。（法16条）。

2　×　誤り。控訴中は刑が確定していないから欠格条項に該当しない（法16条Ⅰ）。

3　○　正しい。執行猶予中の者は，法16条Ⅰ号の刑の執行を受けることがなくなるまでの者であり，欠格条項に該当する。なお，公務に関連したかどうかは問わないので，私用であっても該当する。

4　×　誤り。政府を暴力で破壊することを主張する団体を結成し，またはこれに加入した者は永久に職員となることはできないが，加入をそそのかした者は欠格条項に該当しない（法16条Ⅳ）。

5　×　誤り。分限処分ではなく，懲戒免職された場合は設問のとおりだが（行実昭26.2.1），分限免職された職員は，処分後2年以内であっても当該地方公共団体に任用することができる（法16条Ⅱ）。

| 正　解　　3 |

 32 　**正解チェック欄**　| 1回目 □ | 2回目 □ | 3回目 □ |

1　×　誤り。地方公共団体において懲戒免職の処分を受け，当該処分の日から2年を経過しない者であっても，当該処分を受けた地方公共団体以外の地方公共団体の職員となることはさしつかえない（行実昭26.2.1）。

2　×　誤り。破産宣告を受けた者は，欠格条項に該当しない。

3　○　正しい。人事委員会又は公平委員会の委員が，職員の勤務条件に関する措置の要求の申出を故意に妨げたことにより罰金刑に処せられた場合は，欠格条項に該当する（法16条Ⅲ）。したがって，その委員はその職を失う（法28条④）。

4　×　誤り。禁錮以上の刑に処せられ，その刑の執行猶予中の者は，欠格条項に該当する（法16条Ⅰ）。欠格者の採用は当然無効であり，任命権者は免職処分をする必要はない。

5　×　誤り。欠格条項のうち懲戒免職の処分を受け当該処分の日から2年を経過しない者以外については，条例で失職しない特例を定めることができる（法28条④）。

| 正　解　　3 |

Q33 ★ 欠格条項 ③誤って任用した場合

　欠格条項に関する記述として妥当なのは，次のどれか。
1　欠格条項に該当する職員に対する任命行為は当然無効であるの
で，当該職員が第三者に行った行政行為も無効と解されている。
2　地方公務員法に定める欠格条項は絶対的なものであるが，条例で
新たな欠格条項を追加することができる。
3　欠格条項の該当者を誤って任用した場合は，法律上，当然にその
職を失うものの，任用行為そのものまで無効となるものではない。
4　欠格条項に該当するものを誤って採用した場合，その任用は無効
であるが，その職員に支払われた給与の返還は必要ではない。
5　成年被後見人又は被保佐人は，欠格条項に該当するため，任命権
者は，その者を誤って採用し，給与を支払った場合，直ちにその者
に支払った給与の全額を返還させなければならない。

Q34 ★ 任用 ①法的性質

　職員の任用に関する記述として妥当なのは，次のどれか。
1　採用行為の法的性質につき，相手方の同意を要する行政行為と解
する見解にたつと，職員の身分取扱いについて行政不服審査や行政
訴訟が認められていることを説明できる。
2　採用行為の法的性質につき，一種の行政行為であるとする見解に
たつと，民法の雇用契約上の法理を公務員関係には適用できない。
3　採用行為の法的性質につき，採用は地方公共団体と職員となろう
とする者との意思の合致によって成立する契約であるとする見解に
たつと，採用行為は民間企業における労働契約と全く同じとなる。
4　職員の任用は，任命権者と職員との間に特別権力関係が設定され
たものとみなす行為である。
5　職員の任用は，地方公共団体と職員との間の双方の意思の合致に
基づく契約である。

33 　　　 **正解チェック欄** 　　 1回目 □ 2回目 □ 3回目 □

1　×　誤り。欠格条項に該当する職員が行った行為は，事実上の公務員の理論により行政秩序の安定や善意の第三者を保護する立場から有効であるとされている（行実昭41.3.31）。

2　×　誤り。条例で新たな欠格条項を追加することはできない。なお失職しない特例は条例で定めることはできる（法28条④）。

3　×　誤り。当然に失職するだけでなく，任用行為そのものも，重大かつ明白な瑕疵があるものとして当然に無効である。

4　○　正しい。任用期間中は一定の役務の提供があるので給与の返還を求める必要はない（行実昭41.3.31）。

5　×　誤り。令和元年6月の法改正により成年被後見人及び被保佐人は欠格条項に該当しなくなった（法16条）。欠格者を誤って採用し，給与を支払った場合，その間の労務の提供があるから返還の必要はないとされる。

|正　解　　4|

 34 　　　 **正解チェック欄** 　　 1回目 □ 2回目 □ 3回目 □

1　○　正しい。採用行為を行政庁の優越的地位に基づく行政行為としてとらえるので，職員の身分取扱いについて行政不服審査や行政訴訟が適用されることを説明できる。

2　×　誤り。判例は，採用行為の法的性質について一種の行政行為と解しているが，民法の雇用契約上認められてきた安全配慮義務は公務員関係についても適用されるとしている（最判昭50.2.25）。

3　×　誤り。公法上の契約説は，採用における当事者間の意思の合致を重視するものであり，この点では民間企業の労働契約と類似するが，あくまでも公法上の契約として公務員としての特殊の身分取扱いを認めるものである。

4　×　誤り。職員には法的にも強い身分保障等があり，公務員関係が，包括的な支配により法治主義が排除されるまでの特別権力関係であるとはいえないというのが通説である。

5　×　誤り。公法上の契約説の説明であるが，この説は，公共の利益・福祉のための任用という点で妥当ではないとされる。

|正　解　　1|

35 ★★ 任用 ②任用行為全般

職員の任用に関する記述として妥当なのは，次のうちどれか。

1 地方公務員法では，任用の種類として，採用，昇任，降任，転任のほか，兼務や充て職などについても規定している。

2 人事委員会を置く地方公共団体では，職員の採用は競争試験によるが，人事委員会規則で定める場合は選考によらなければならない。

3 条例定数を超える任用行為は，当然に無効とはいえないが，直ちに取り消すべき行為である。

4 職員の任用は，能力の実証に基づいて行わなければならないので，すべての任用が競争試験又は選考に基づいて行われる。

5 職員の任用には，一般的任用と臨時的任用の区分があるが，いずれも条例で定める定数の範囲内で任用を行わなければならない。

36 ★★ 任用 ③任用行為全般

職員の任用に関する記述として妥当なのは，次のどれか。

1 任命権者は，採用，昇任，降任又は転任のいずれか一つの方法により職員を任用しなければならないが，任用すべき職員の数については人事委員会又は公平委員会と協議して決定する。

2 職員の職から切り離された職員の身分はあり得ないと考えられることから，休職中の職員も職務は行わないが職員の職は保有する。

3 任命権者は，職員の任用について，採用，昇任，降任又は転任のいずれかひとつの方法によらなければならないが，これは常勤職員を対象とし一般職の非常勤職員については適用されない。

4 職員の職に欠員が生じた場合には，採用，昇任，降任又は転任のいずれかひとつの方法により職員を任用しなければならないので，兼職や充て職によって職につけることは違法である。

5 職員の任用は，すべて条件付のものとし，その期間に能力の実証が得られたときに採用又は昇任となる。

35 正解チェック欄 　1回目□　2回目□　3回目□

1　×　誤り。採用，昇任，降任，転任の４つが地方公務員法に定める任用の種類である。このほか，実際の任用方法として，他の法律に基づき，あるいは事実上の措置として兼職，充て職，事務従事などの運用が行われている。
2　×　誤り。人事委員会規則で定める場合は，選考によることができる（法17条の２①ただし書）。
3　○　正しい。条例定数を超える任用行為は，直ちに取り消すべきである（行実昭42.10.9）。
4　×　誤り。任用のうち，転任又は降任については，人事委員会を置く地方公共団体，置かない地方公共団体に関係なく，競争試験又は選考による必要はない。
5　×　誤り。職員の定数は，条例で定めることになっているが，臨時的任用や非常勤職員の任用についてはこの限りでない（自治法172条③）。

正解　3

36 正解チェック欄 　1回目□　2回目□　3回目□

1　×　誤り。任命権者は，職員の職に欠員が生じた場合に任用できるのであって，人事委員会又は公平委員会との協議により職員の数を決めるのではない（法17条①）。
2　○　正しい。職員の職と身分は一体のものであって，地方公共団体の職員の職につくことが職員の身分を取得することであり職から離れることはその身分を失うことである。休職中の職員も職務は行わないが職員の職は保有する。
3　×　誤り。一般職である限り，法17条は非常勤職員についても適用される。なお，令和２年４月に施行された法改正により，「会計年度任用職員」に関する規定が新設され，一般非常勤職員の採用方法や任期等が明確にされることとなった（法22条の２）。
4　×　誤り。任用は特定の者を特定の職につける行為であるが，一般的には弾力的な運用がされて，兼職や充て職も認められている。
5　×　誤り。条件付期間が付されるのは採用のときだけである。

正解　2

ⓟ37 ★★ 任用 ④任用行為全般

職員の任用に関する記述として妥当なのは，次のどれか。

1 人事委員会を置かない地方公共団体においては，任命権者は議会の同意を得て職員の任用の方法についての一般的基準を定めることができる。

2 職員の任用は，競争試験又は選考の方法による能力の実証に基づいて行わなばならない。

3 職員の任用について，採用前に臨時的任用職員として勤務していたときは，その期間を条件付採用期間に含めることができる。

4 職員の任用は，能力の実証に基づいて行わなければならず，これに違反する任用を行った場合は刑罰に処せられる。

5 職員の任用は，能力の実証に基づいて行わなければならないので，降任を除き，採用，昇任及び転任については，競争試験又は選考によることが必要である。

ⓟ38 ★★ 任用 ⑤任用行為全般

職員の任用に関する記述として妥当なのは，次のどれか。

1 人事委員会を置く地方公共団体においては，任命権者は，当該人事委員会の承認を得た場合に限り，当該地方公共団体の条例に定める定数を超えて職員の採用を行うことができる。

2 人事委員会が，採用試験を行う場合，その判定方法として，口頭試問による判定方法を用いることができない。

3 人事委員会を置く地方公共団体においては，任命権者は，必ず採用試験によらなければ職員を採用することができず，選考により職員を採用することができない。

4 採用候補者名簿に記載された者の数が人事委員会の提示すべき志望者の数よりも少ない場合，当該人事委員会は，他に最も適当な採用候補者名簿があったとしても，その名簿に記載されている者を加えて提示することができない。

5 職員の任用の根本基準である成績主義の原則は，一般の行政事務に従事する職員にだけでなく，単純な労務に従事する職員にも適用される。

37 正解チェック欄 1回目 ☐ 2回目 ☐ 3回目 ☐

1　×　誤り。人事委員会を置かない地方公共団体においては，任用は各任命権者の裁量によって行うが，長の総合調整権に基づき，一般的基準を規則で定める場合には，議会の同意は不要である。

2　×　誤り。職員の任用のうち，採用又は昇任についてのみ競争試験又は選考によらなければならないとされている。

3　×　誤り。臨時的任用は正式任用に際していかなる優先権も与えられていないので，臨時的任用期間を条件付採用期間に含めることはできない（法22条の3⑤）。

4　○　正しい。法61条2号により，3年以下の懲役又は100万円以下の罰金に処せられる。

5　×　誤り。転任及び降任については，競争試験又は選考による必要がない。

正解　4

 38 正解チェック欄 1回目 ☐ 2回目 ☐ 3回目 ☐

1　×　誤り。任命権者は，人事委員会の承認を得たとしても，当該地方公共団体の条例に定める定数を超えて職員の任用を行うことはできない。なお条例定数を越えた任用行為は，当然に無効とはいえないが，取り消しうべき行為に該当するので，直ちに取り消すべきである（行実昭42.10.9）。

2　×　誤り。採用試験の方法として，筆記試験に限らず人事委員会等が定める口頭試問その他多様な判定方法を用いることができる（法20条②）。

3　×　誤り。人事委員会規則で定める場合は，選考によることを妨げない（法17条の2①ただし書）。また，「会計年度任用職員」の採用は，競争試験又は選考によることとなる（法22条の2①）。

4　×　誤り。採用候補者名簿に記載された者の数が人事委員会の提示すべき志望者の数よりも少ない場合，当該人事委員会は，他に最も適当な採用候補者名簿に記載された者を加えて提示することを妨げない（法21条④）。

5　○　正しい。単純な労務職員を除外する規定も理由もない。

正解　5

Q39 ★ 任用 ⑥任用行為全般

職員の任用に関する記述として妥当なのは，次のどれか。

1　職員の採用試験及び選考を行う権限は人事委員会に属するが，人事委員会は，この権限を，人事委員会規則で定めることにより，当該地方公共団体の他の機関に委任することができる。

2　職員の任用は，能力の実証に基づいて行わなければならないが，この場合の「能力」とは採用及び昇任のための競争試験並びに選考の受験成績をいい，一定の勤務経験を有することは能力の実証とはならない。

3　人事委員会を置く地方公共団体では，昇任については選考によることが原則だが，例外的に昇任試験によることも認められている。

4　降任には，職員の意に反する降任と意に反しない降任とがあるが，前者は，職務上の義務に違反した者などに対する懲戒処分として行われる。

5　欠格条項に該当する者は，地方公共団体の職員になることができないが，職員となっている者が欠格条項に該当するに至ったとしても，失職することはない。

Q40 ★ 任用 ⑦無効とされる任用行為

重大かつ明白な瑕疵ある行為として無効とされる任用行為は，次のどれか。

1　A市の職員として勤務していた者が過失事故によって罰金刑の判決を受け，懲戒処分によってA市を退職したのちに，B市でその者を採用した場合。

2　懲役10年の刑を受けて服役していた者を，特赦により刑の執行を免除された後に職員として採用した場合。

3　日本国籍を有しない者を，公権力の行使又は公の意思の形成への参画とはかかわりのない職に採用した場合。

4　政党その他の政治団体の結成に関与し，又はこれらの団体の役員となった者を職員として採用した場合。

5　日本国憲法を暴力的手段によって改廃することを主張する団体にかつて加入していた者を，その脱退後に職員として採用した場合。

42

 39 ‖ **正解チェック欄** ‖ 1回目 ‖ 2回目 ‖ 3回目 ‖

1 ○ 正しい（法8条③）。なお他の地方公共団体の機関に委託することもできる（法18条①ただし書）。

2 × 誤り。職員の任用は，受験成績に限らず，人事評価その他の能力の実証に基づいて行われなければならない（法15条）。一定の勤務経験もこの能力に含まれる。

3 × 誤り。人事委員会を置く地方公共団体において職員を人事委員会規則で定める職に昇任させる場合は昇任試験又は選考による（法21条の4①）。

4 × 誤り。懲戒処分は，免職，停職，減給及び戒告の4種類しかない。降任は分限処分である。

5 × 誤り。職員となっている者が欠格条項に該当するに至ったときは，その職を失う（法28条④）。

‖ 正 解　1 ‖

 40 ‖ **正解チェック欄** ‖ 1回目 ‖ 2回目 ‖ 3回目 ‖

1 × 誤り。罰金刑の判決を受けたことは欠格条項に該当しない。またA市の懲戒処分により退職した者を当該処分の日から2年を経過していない場合でも当該処分をした地方公共団体以外のB市が採用することは差し支えない（行実昭26.2.1）。

2 × 誤り。刑の執行を終えたり，免除されて刑の執行を受けることがなくなれば，欠格条項に該当しなくなり任用能力を回復し，採用することができる。

3 × 誤り。日本国籍を有しない者を地方公務員に任用できるかについて国内法上規定がないが，原則として差し支えないものと解されている（行実昭48.5.28）。

4 × 誤り。政党その他の政治的団体の結成等に関与する行為は，政治的行為の禁止規定（法36条①）に違反し懲戒処分の対象となるが，欠格条項には該当しない。

5 ○ 正しい。法16条4号の欠格条項は絶対的なものであるから，たとえ脱退後であっても任用能力を失うので採用することはできない。

‖ 正 解　5 ‖

ⓟ41 ★ 競争試験及び選考 ①意義

地方公務員法に規定する採用及び昇任のための競争試験並びに選考に関する記述として妥当なのは，次のどれか。

1 競争試験とは，特定の職につけるため，不特定多数の者のうちから競争によって選抜する方法である。

2 競争試験は，人事委員会が実施するが，人事委員会は，秘密の保持のため他の機関に試験を委託することはできない。

3 競争試験と選考はいずれも職員としての職務遂行能力を実証することを目的とした試験であるが，競争試験の方が選考より厳格な方法である。

4 選考とは，特定の職につけるため，一定範囲の者のうちから競争によって選抜する方法である。

5 他の地方公共団体の選考に合格したものを，当該地方公共団体の選考にも合格したものとすることはできない。

ⓟ42 ★ 競争試験及び選考 ②方法と受験資格

採用及び昇任のための競争試験並びに選考に関する記述として妥当なのは，次のどれか。

1 人事委員会を置く地方公共団体における競争試験又は選考による採用及び昇任については，必ず採用候補者名簿及び昇任候補者名簿を作成しなければならない。

2 昇任試験は，職務遂行の能力を有するかどうか判定するために行うものであるから，受験資格として当該地方公共団体での勤続年数を条件として定めることはできない。

3 競争試験は，筆記試験により行うものとされ，口頭試問，人物性向，教育程度，経歴，適性，知能その他の方法を用いることは，平等取扱いの原則に反するものなので認められない。

4 人事委員会を置かない地方公共団体の任命権者が共同して競争試験を実施することはできない。

5 へき地に勤務する職員を採用する競争試験の受験資格を，その近辺に居住する者に限ることは認められる。

A 41 正解チェック欄 1回目 2回目 3回目

1 ○ 正しい。競争試験とは，特定の職につけるための不特定多数の者の競争による試験であり，選考とは，特定の職につけるため一定の基準により特定の者が適格かどうかを判定する試験である。

2 × 誤り。人事委員会等は，国又は他の地方公共団体の機関との協定によりこれらの機関に委託して競争試験又は選考を行うことができる（法18条ただし書，21条の4④）。

3 × 誤り。競争試験と選考は観念的には区別されるが，どちらが厳格ということはない。

4 × 誤り。選考とは，特定の個人が特定の職につくための能力を有しているかどうかを一定の基準により判定する方法である。

5 × 誤り。人事委員会は，その定める職員の職について採用候補者名簿がなく，かつ，人事行政の運営上必要な場合は，他の地方公共団体の採用試験又は選考に合格した者を，その職の選考に合格した者とみなすことができる（法21条の2③）。

正　解　1

A 42 正解チェック欄 1回目 2回目 3回目

1 × 誤り。採用候補者名簿及び昇任候補者名簿を作成するのは，競争試験による職員の採用及び昇任のみである（法21条①，21条の4④）。

2 × 誤り。昇任試験を行うに当たり，勤続年数を受験資格に定めることは，法19条に違反しない限り差し支えないとされている（行実昭28.8.28）。

3 × 誤り。競争試験は筆記試験その他人事委員会等の定める方法により行うものとしており，筆記試験に限定していない（法20条②，21条の4④）。

4 × 誤り。法18条では，人事委員会等は，他の地方公共団体との協定により共同して競争試験を行うことができることとされている。特に他の任命権者が共同して試験を行うことを禁止するものではないと解されている。

5 ○ 正しい。職員の任用に当たっても平等取扱いの原則に違反してはならないが，本事例は合理的な受験資格の限定なので認められる（行実昭28.6.26）。

正　解　5

◯43 ★ 競争試験及び選考 ③実施方法

　採用及び昇任のための競争試験並びに選考に関する記述として妥当なのは，次のどれか。

1　人事委員会を置かない地方公共団体は，他の地方公共団体と共同して公平委員会を設置し，競争試験及び選考を行うことはできない。

2　人事委員会を置く地方公共団体は，競争試験及び選考は必ずその地方公共団体が行わなければならず，他の地方公共団体や国に委託して実施することはできない。

3　正式任用されていた職員を，職制，定数の改廃，予算の減少等で離職した場合であっても，再び採用する際には，一般の採用基準，受験資格にそわなければならず，特例は認められていない。

4　地方公務員法では，競争試験及び選考の実施方法について具体的な方法を示してまでは規定していない。

5　人事委員会を置く地方公共団体で職員の採用及び昇任のため競争試験を実施する場合，その競争試験はすべての国民に対して平等の条件で公開されなければならない。

◯44 ★ 競争試験及び選考 ④実施方法

　採用試験及び選考に関する記述として妥当なのは，次のどれか。

1　人事委員会を置く地方公共団体の職員の採用は，採用試験によらなければならず，選考で職員の採用を行うことはできない。

2　人事委員会が定める採用試験の受験の資格要件は，職務の遂行上必要な最少かつ適当な限度の客観的かつ画一的なものでなければならない。

3　採用試験は，単純な労務に雇用される職員を採用する場合の方法としては認められていない。

4　人事委員会の職員が，試験問題のような採用試験の秘密の情報を故意に受験者に提供した場合には，懲戒処分の対象とはなるが，罰則の適用はない。

5　採用試験は，成績に基づき採用候補者名簿を作成しなければならず，任命権者は，当該名簿に記載されていない者を任用することはできない。

46

1 × 誤り。公平委員会も競争試験及び選考を行うことができる（法9条①）。また，設問のように共同して行うこともできる（法9条②）。

2 × 誤り。他の地方公共団体の機関との協定により共同で，又は国や他の地方公共団体の機関との協定によりこれらの機関に委託して，競争試験又は選考を行うことができる（法18条ただし書）。

3 × 誤り。地方公共団体の都合による離職者については，人事委員会（人事委員会を置かない地方公共団体の場合は任命権者）は，再採用の際の資格要件，採用手続，採用の際における身分について必要な条項を定めることができる（法17条の2③）。

4 ○ 正しい。競争試験及び選考の実施方法については法で具体的に特に定めていない（法20条，21条の2）。

5 × 誤り。昇任試験を受けることができる者の範囲は，人事委員会等の指定する職に正式に任用された職員に制限されている（法21条の4③）。

正解 4

1 × 誤り。人事委員会規則で定める場合は，選考によることができる（法17条の2①ただし書）。

2 ○ 正しい。法19条は，採用試験の受験資格について，職務の遂行上必要であって最少かつ適当な限度の客観的かつ画一的な要件であること（法19条），昇任試験の受験資格者は人事委員会の指定する職に正式に任用された職員に制限されるものであること（法21条の4③）を定めている。

3 × 誤り。採用試験又は選考について，職種による差異はない。

4 × 誤り。採用試験の受験を阻害し又は情報を提供した者は，法61条3号の規定により，3年以下の懲役又は100万円以下の罰金に処せられる。

5 × 誤り。人事委員会を置かない地方公共団体が採用試験を行った場合には，採用候補者名簿の作成は義務づけられていない（法21条①）。

正解 2

◯45 ★ 競争試験及び選考 ⑤候補者名簿

　採用候補者名簿及び昇任候補者名簿に関する記述として妥当なのは，次のどれか。

1　採用候補者名簿及び昇任候補者名簿は，試験ごとに作成されるものであるが男女別に作成することは認められている。

2　採用候補者名簿及び昇任候補者名簿は，採用試験及び昇任試験を受験したすべての者の氏名及び得点を，その得点順に記載するものである。

3　採用候補者名簿及び昇任候補者名簿の作成並びに採用及び昇任の方法に関し必要な事項は，地方公務員法に規定されていること以外は，任命権者が定める。

4　採用候補者名簿及び昇任候補者名簿に記載された者の数が人事委員会の提示すべき志願者の数より少ないときは，人事委員会は他の最も適当な採用候補者名簿及び昇任候補者名簿に記載された者を加えて提示することができる。

5　人事委員会を置かない地方公共団体であっても，採用候補者名簿及び昇任候補者名簿の作成が義務づけられている。

◯46 ★ 条件付採用 ①制度の意義

　条件付採用に関する記述のうち妥当なのは，次のどれか。

1　条件付採用制度は，競争試験によって能力の実証を得て採用された職員に，一定期間，職業選択の自由を保障する制度である。

2　条件付採用制度は，競争試験又は選考により採用された職員の職員としての適格性を，一定期間，職務遂行状況等通して検証した上で，適格性を有しない者について排除する制度であり，公正の原則は当然に適用されない。

3　条件付採用制度は，地方公共団体の一般職のすべてに適用されるもので，臨時的任用又は非常勤職員の任用にも適用される。

4　条件付採用期間中の職員の勤務成績が特に良好など職員の能力を十分実証できる場合，任命権者は，人事委員会の承認を得て条件付採用期間を短縮することができる。

5　条件付採用制度は，条件付採用期間中の職員の勤務成績が特に良好でないと認定した場合でも，任命権者が条件付採用期間の終了前に特別な措置を執らない限り正式任用となるものである。

48

45 正解チェック欄　1回目□　2回目□　3回目□

1　×　誤り。採用候補者名簿及び昇任候補者名簿を男女別に作成することは性別差別となり，平等取扱いの原則に反するもので認められない（行実昭28.6.3）。

2　×　誤り。採用候補者名簿及び昇任候補者名簿には試験において合格点以上を得た者の氏名及び得点を記載する（法21条②，21条の4④）。

3　×　誤り。採用候補者名簿及び昇任候補者名簿の作成並びに採用及び昇任の方法に関し必要な事項は，人事委員会規則で定められる（法21条⑤，21条の4④）。

4　○　正しい（法21条④，21条の4④）。

5　×　誤り。人事委員会を置かない地方公共団体には，採用候補者名簿及び昇任候補者名簿の作成は義務づけられていない。

正解　4

46 正解チェック欄　1回目□　2回目□　3回目□

1　×　誤り。条件付採用制度は，競争試験又は選考の方法がなお職務を遂行する能力を完全に実証するとはいいがたいため，公務員としてふさわしくない者があったときに排除するための制度である。

2　×　誤り。条件付採用制度は，競争試験又は選考により実証された職務遂行能力が，実際の職務の中で発揮できるかどうかを検証するためのものであり，公正の原則は当然適用されなければならず，恣意的な処分を認めるものではない。

3　×　誤り。条件付採用制度は臨時的任用職員には適用されない（法22条，22条の3）。一般職非常勤職員である「会計年度任用職員」には，1か月の条件付採用期間が適用される（法22条の2⑦）。

4　×　誤り。一般職常勤職員の条件付採用期間は，6か月として法定されており，この期間は短縮できない（法22条）。なお，一般職の非常勤職員である「会計年度任用職員」については1か月として法定される（法22条の2⑦）。

5　○　正しい。条件付採用制度は，職員のその職の適格性を検証する制度であるが，適格者でないと判断した場合でも，期間中に特段の措置をしない限り，当然に正式採用となる。

正解　5

47 ★★★ 条件付採用 ②条件付採用期間

条件付採用に関する記述のうち妥当なのは，次のどれか。

1 条件付採用期間中の職員の条件付採用期間を，6か月より短縮することはできないが，欠勤等により適格性を判断できない場合1年を超えて延長することはできる。

2 条件付採用期間中の職員の条件付採用期間は，原則として採用時から6か月であるが，人事委員会規則で，その期間を短縮することができる。

3 条件付採用期間中の職員の条件付採用期間は，原則として採用時から6か月であるが，当該期間中に職員としての適格性を判断できない具体的な理由がなくとも，人事委員会（人事委員会を置かない地方公共団体においては任命権者）は，その期間を1年を超えない範囲内で延長することができる。

4 条件付採用期間中の職員が良好な成績で勤務したときに始めて正式な職員となるものであり，法律上の採用効果は，条件付採用期間の満了により発生する。

5 条件付採用期間中の職員は，期間の終了をもって正式任用となるが，法律上の採用効果は，採用の当初からあるものとされる。

48 ★★★ 条件付採用 ③身分取扱い

条件付採用に関する記述のうち妥当なのは，次のどれか。

1 条件付採用制度は，職務遂行能力を検証する任用制度の一環であり，採用だけでなく昇任等すべての任用行為について条件として附される。

2 条件付採用期間中の職員は，正式に採用されたものではないので，勤務条件に関する措置要求や，不利益処分に関する審査請求を行うことができない。

3 条件付採用期間中の職員は，正式に採用されたものではないので，分限に関する規定の適用はないが，条例で必要な事項を定めることはできる。

4 条件付採用期間中の職員は，正式に採用されたものではないので，懲戒処分に関する規定の適用はない。

5 条件付採用期間中の職員は，正式に採用されたものではないので，その期間中に転任させることはできない。

47 　　**正解チェック欄**　　1回目 □ 2回目 □ 3回目 □

1　×　誤り。条件付採用期間中に職員としての適格性を判断できない特別な理由がある場合，人事委員会（人事委員会を置かない地方公共団体においては任命権者）は，その期間を1年を超えない範囲内で延長することができる（法22条）。

2　×　誤り。地方公共団体と職員の利益を調整する見地から，地公法で条件付採用期間を6か月と定めているものであり，その期間を短縮することは許されない。ただし「会計年度任用職員」については1か月（法22条の2⑦）。

3　×　誤り。法定の6か月で職員としての適格性を判断できない特別な理由がなく，単に職員の適格性の判断が困難であるという理由だけで延長することは許されないと解されている。

4　×　誤り。法律上の効果は，採用の当初からあるものとされる。

5　○　正しい。

　　　　　　　　　　　　　　　　　　　　　　正解　5

48 　　**正解チェック欄**　　1回目 □ 2回目 □ 3回目 □

1　×　誤り。一定期間を条件付として試用期間を設けているのは採用の場合のみである。その他の任用行為にこのような条件はない。

2　×　誤り。勤務条件に関する措置要求はできるが，不利益処分に関する審査請求を行うことはできない（法29条の2①）。

3　○　正しい（法29条の2①）。

4　×　誤り。条件付採用期間中の職員には，正式に採用された職員と比べ身分取扱いの特例が定められている。すなわち，①分限に関する規定が適用されないこと，②分限について条例で必要なことを定めることができること，③不利益処分に関する審査請求の規定が適用されないこと，④地方公務員法の定める不利益処分に関する説明書の交付に関する規定が適用されないことである。それ以外の事項は適用される。

5　×　誤り。その職において6か月の勤務が正式採用の条件である。ただし，同一職務能力が実証される形での転任は禁止されていない。

　　　　　　　　　　　　　　　　　　　　　　正解　3

◉49 ★★★ 条件付採用 ④身分取扱い

　条件付採用に関する記述のうち妥当なのは，次のどれか。

1　条件付採用期間中の職員は，職務遂行能力の実証を経ていないために，勤務条件の一部が制限されており，勤務条件に関する措置要求を行うことはできない。

2　条件付採用期間中の職員は，行政不服審査法に基づく不利益処分に関する審査請求を行うことはできないが，不利益処分の取り消し又は無効確認の訴えを提起することはできる。

3　条件付採用期間中の職員は，正式採用職員としての身分を有さないので，職員団体又は労働組合を結成し，又は加入することはできない。

4　条件付採用期間の制度は，身分保障がなく能力の実証を必要としない臨時的任用職員には適用されないが，身分保障があり能力の実証を必要とする一般職の非常勤職員である会計年度任用職員には常勤職員と同様の条件付採用期間が適用される。

5　条件付採用期間中の職員が正式採用されるためには，期間終了前に，任命権者による新たな通知又は発令行為を必要とする。

◉50 ★★ 条件付採用 ⑤不利益処分

　条件付採用に関する記述のうち妥当なのは，次のどれか。

1　任命権者は，条件付採用期間中の職員が公務員としての適格性を有しないと認めた場合，地方公務員法が労働基準法に規定する解雇予告制度を除外していることから，予告なしで免職できる。

2　条件付採用期間中の職員が不利益な処分を受けた場合，不利益処分に関する説明書の交付を要求することはできる。

3　任命権者は，条件付採用期間中の職員の職務遂行能力がないと認めたときでも，条件付採用期間が終了するまで免職にすることができない。

4　条件付採用期間中の職員が不利益な処分を受けた場合，当該職員は，直ちに裁判所に救済を求めることができる。

5　条件付採用期間中の職員でも，昇任試験を受けることができ，その実証が得られたときは，昇任することができる。

49 正解チェック欄　1回目□　2回目□　3回目□

1　×　誤り。条件付採用は，採用後に実務に従事した成績により能力を実証するものである。勤務条件は正式に採用された職員と同様であるから，勤務条件に関する措置要求を人事委員会又は公平委員会に行うことができる。

2　○　正しい。条件付採用期間中の職員には，行政不服審査法の規定の適用がない（法29条の2①）ので，不利益処分に関する審査請求はできないが，行政訴訟はできるものと解されている。

3　×　誤り。条件付採用期間中の職員も職員であることにはかわりがないので，職員団体又は労働組合を結成し又は加入することはできる。

4　×　誤り。設問の前段は正しい。一般非常勤職員である「会計年度任用職員」には，「1月」の条件付採用期間が適用される（法22条の2⑦）。

5　×　誤り。条件付採用期間を経過したとき，その終了の翌日に正式採用となるものであり，正式採用について，別段の通知又は発令行為を要しないものと解されている。

正　解　2

 50 正解チェック欄　1回目□　2回目□　3回目□

1　×　誤り。労働基準法20条に規定する解雇予告制度は適用除外に該当せず（法58条），条件付採用期間中の職員にも適用される。

2　×　誤り。条件付採用期間中の職員には，不利益処分に関する審査請求の規定の適用がない（法29条の2①）ので，不利益処分に関する説明書の交付に関する規定（法49条①，②）の適用はない。

3　×　誤り。条件付採用期間中の職員には，分限に関する規定が適用されないため，条件付採用期間中でも労働基準法に反しなければいつでも免職にすることができる。

4　○　正しい。条件付採用期間中の職員について行政不服審査法の適用はないが，行政事件訴訟法の適用はある。

5　×　誤り。条件付採用期間中の職員は，職務遂行能力が最終的に判定されていない者であるから，条件付採用期間中に昇任させることはできない。

正　解　4

Ｑ51 ★★ 条件付採用と臨時的任用

　条件付採用又は臨時的任用に関する記述として，地方公務員法上，妥当なのはどれか。

1　条件付採用期間中の職員及び臨時的に任用された職員については，地方公務員法の分限に関する規定は適用されないが，これらの職員の分限については，条例で必要な事項を定めることができる。

2　人事委員会を置く地方公共団体の条件付採用期間中の職員は，人事委員会に対し勤務条件に関する措置要求をすることができるが，不利益処分の取り消しを行政訴訟によって争うことはできない。

3　人事委員会を置く地方公共団体の任命権者は，人事委員会規則で定めるところにより，緊急な場合には，人事委員会の承認を得なくとも6か月を超えない期間で臨時的任用を行うことができる。

4　臨時的に任用された職員が，6か月以上の臨時的任用期間を経た後，引き続き任用される場合には，条件付採用期間を経ることなく，直ちに正式採用となる。

5　条件付採用期間は，職員を採用してから原則として6か月であるが，職員の能力実証が得られないときは，人事委員会を置く地方公共団体の任命権者は，この期間を1年を超えない範囲内で延長することができる。

Ｑ52 ★★ 会計年度任用職員 ①任用

　地方公務員法上，会計年度任用職員の記述として妥当なのは，次のどれか。

1　会計年度任用職員には，特別職非常勤職員や定年前再任用短時間勤務職員等を任命権者が採用する短時間勤務職員は該当しないが，臨時的任用の職員は該当する場合がある。

2　会計年度任用職員は，任期付職員の法律上の存在が明確に位置づけられてこなかったことから，採用方法や任期等を明確にしたものである。

3　会計年度任用職員は，条例で定める定数の範囲の中での採用に限られ，定数を超えて採用することはできない。

4　会計年度任用職員の任用期間は当該会計年度の末日までとされるが，任期満了後再度，同一の職に任用されること自体を排除するものではない。

5　フルタイムの会計年度任用職員の任用，人事評価，給与，勤務時間等の勤務条件などの人事行政の運営の状況について，任命権者は臨時的任用職員や非常勤職員の場合と同様，地方公共団体の長に報告する必要はない。

54

 51 正解チェック欄　1回目□ 2回目□ 3回目□

1　○　正しい。法29条の2は，1項でこれらの職員の分限に関する
　規定の適用を除外しているが，2項では条例で必要な事項を定める
　ことができると規定している。
2　×　誤り。条件付採用期間中の職員には，行政不服審査法の規定
　の適用がない（法29条の2①）ので，不利益処分に関する審査請求
　はできないが，行政訴訟はできるものと解されている。
3　×　誤り。法22条の3第1項で，人事委員会の承認が必要とされ
　ている。承認は，臨時的な任用を行うとする職についてであり，職
　員個々についての承認ではない。臨時的任用は「常勤職員に欠員を
　生じた場合」に限られる（法22条の3①）。
4　×　誤り。臨時的任用は，正式採用に際していかなる優先権をも
　あたえるものではない（法22条の3⑤）。
5　×　誤り。人事委員会を置く地方公共団体で，条件付採用期間を
　延長できるのは人事委員会等である（法22条）。

正解　1

 **52** 正解チェック欄　1回目□ 2回目□ 3回目□

1　×　誤り。会計年度任用職員は一般職の非常勤職員で，特別職非
　常勤職員，定年前再任用短時間勤務職員，能力実証を伴なわない臨
　時的任用職員，短時間勤務職員は該当しない（法22条の2①Ⅰ）。
2　×　誤り。会計年度任用職員は，従来の一般職の非常勤職員の法
　律上の存在が明確に位置づけられてこなかったことから，採用方法
　や任期等を明確にしたものである。任期付職員とは区分される。
3　×　誤り。地方自治法172条3項は，「職員の定数は条例で定める。
　ただし，臨時又は非常勤の職については，この限りでない」としてい
　る。会計年度任用職員は，その任期を「採用日の属する会計年度
　の末日まで（最長1年）」としており，当該年度を超えて任用され
　る職員の定数には当たらず，「臨時又は非常勤の職」に該当する。
4　○　正しい。任期ごとに客観的な能力実証に基づき採用すること
　は可能とされる。当該職に従事する十分な能力をもった者を除くも
　のではない。総務省は「同一の職に再度任用された」という意味で
　はなく，あくまでも新たな職に改めて任用されたものと説明してい
　る（平26.7.4付総務省通知）。
5　×　誤り。任命権者に課せられる人事行政の運営等の状況の報告
　義務は，会計年度任用職員についても適用される（法58条の2①）。

正解　4

ⓟ53 ★★ 会計年度任用職員 ②身分取扱い

会計年度任用職員の記述として妥当なのは，次のどれか。

1　会計年度任用職員は，常時勤務を要する職員の勤務時間と同一の時間の者に限られる。

2　会計年度任用職員の採用は，人事委員会を置く地方公共団体にあっては競争試験によるものとされるが人事委員会規則で定める場合は選考によることを妨げない。

3　会計年度任用職員の任期は，採用の日から同日の属する会計年度の末日までの期間の範囲内で任命権者が定めるが，必要があれば当該会計年度を超えて6月の範囲で更新することができる。

4　会計年度任用職員にも当然営利企業への従事等の制限が適用されるので，任命権者の許可を受けなければ営利企業その他の団体との役員を兼ねたり，自ら営利企業を営んだり，報酬を得ていかなる事務・事業に従事してはならない。

5　会計年度任用職員はすべて条件付で，1か月を勤務して職務を良好な成績で遂行した場合に正式採用となる。

ⓟ54 ★★★ 会計年度任用職員 ③給与等

会計年度任用職員の記述として妥当なのは，次のどれか。

1　すべての会計年度任用職員には，報酬を支給しなければならず，人事委員会規則の定めにより費用弁償及び期末手当も支給することができる。

2　すべての会計年度任用職員には，報酬を支給しなければならず，条例の定めにより費用弁償及び期末手当を支給することができる。

3　すべての会計年度任用職員には，条例で定めるところにより期末手当を支給することができるが，退職手当の支給は勤務時間等が常時勤務を要する職員と同等の勤務時間である者に限られる。

4　すべての会計年度任用職員には，給料及び旅費を支給しなければならないが，人事委員会規則に定める場合は，期末手当，扶養手当，住居手当，退職手当等を支給することができる。

5　すべての会計年度任用職員には，条例の定めにより期末手当と退職手当を支給することができる。

53 　　　正解チェック欄　　　 1回目□ 2回目□ 3回目□

1　×　誤り。会計年度任用職員には，いわゆるフルタイムとパートタイムの2種類がある。すなわち，後者は1週間当たりの通常の勤務時間が常時勤務を要する職員の勤務時間に比して短い時間である者も該当する（法22条の2①Ⅰ）。

2　×　誤り。会計年度任用職員の採用は，人事委員会の設置の有無にかかわらず競争試験又は選考によるものとされる（法22条の2①）。

3　×　誤り。任命権者は会計年度任用職員を採用及び更新する場合は，当該採用の日の属する会計年度の末日までの期間の範囲に限られる。この場合，任命権者はその任期を明示しなければならない（法22条の2②～⑤）。会計年度を超えて採用する場合は，更新ではなく新たな職に改めて任用するという意味合いになる。

4　×　誤り。短時間の会計年度任用職員については，営利企業への従事等の制限の対象外とされている（法38条①ただし書）。

5　○　正しい。1月を勤務し，その間その職務を良好な成績で遂行したときに正式採用となる（法22条の2⑦）。

正　解　5

 54 　　　正解チェック欄　　　 1回目□ 2回目□ 3回目□

1　×　誤り。会計年度任用職員のうち常勤職員と同等の勤務時間（フルタイム）である者には，条例で給料及び旅費を支給しなければならない（自治法204条①）。地方公共団体の非常勤職員は，国と異なり労働者性の高い者であっても報酬と費用弁償のみで手当は支給できないとされてきたが，会計年度任用職員には条例の定めにより期末手当の支給が可能となった（同法203条の2④，204条②）。

2　×　誤り。解説1のとおり会計年度任用職員のうち常勤職員と同等の勤務時間である者については，給料及び旅費を支給しなければならない。短時間勤務の者については設問のとおり報酬，費用弁償，期末手当が支給できる。

3　○　正しい。期末手当の支給については，解説1のとおり。退職手当は，常時勤務を要する職員と同等の勤務時間である者に限られ，短時間勤務の者は除かれる（自治法203条の2④，204条①，②）。

4　×　誤り。会計年度任用職員のうち常時勤務を要する職員と同等の勤務時間である者に限り，条例の定めにより諸手当の支給が可能であるが，短時間勤務の者は期末手当以外の手当支給の定めはない（自治法204条①，②）。

5　×　誤り。解説3のとおり。

正　解　3

🅠55 ★ 臨時的任用 ①正式任用と臨時的任用

職員の任用に関する記述として妥当なのは，次のどれか。

1 職員の任用は，正式任用又は臨時的任用の職を問わず，必ず条例で定める定数の範囲内で行わなければならない。

2 職員の任用は，平等取扱いの原則に基づき，受験資格として性別や住所地を要件とすることは許されない。

3 職員の任用は，正式任用であるか臨時的任用であるかを問わず採用，昇任，降任又は転任のいずれかの方法によらなければならない。

4 職員の任用は，正式任用又は臨時的任用のいずれかによることとされている。

5 職員を任用する一般的な制度として正式任用と臨時的任用があるが，任用にあたってはいずれも競争試験又は選考に基づく能力実証が必要である。

🅠56 ★★ 臨時的任用 ②全般

臨時的任用職員に関する記述のうち妥当なのは，次のどれか。

1 臨時的任用は正式任用の職員ではないので，職務専念義務等正式任用による職員に課せられる地方公務員法に規定する義務は，原則として課せられない。

2 臨時的任用職員が懲戒処分を受けた場合，勤務条件に関する措置要求と同様に，人事委員会に対して行政不服審査法による審査請求をすることができる。

3 臨時的任用は，常勤職員の欠員の有無に関係なく正規の任用方法を取ることのできない場合に限り認められる制度である。

4 人事委員会を置く地方公共団体の臨時的任用は，人事委員会に権限を委ねているが，人事委員会を置かない地方公共団体の臨時的任用は，任命権者に委ねられている。

5 人事委員会は，臨時的任用について，任命権者に承認を与える権限を有し，任用される者の資格要件を定めることもできるが，これに対し任命権者が違反したとしても対抗手段をもたない。

55 正解チェック欄 1回目 2回目 3回目

1 × 誤り。職員の定数は，条例で定めることとされているが，臨時又は非常勤の職については必ずしも条例で定める必要はない（自治法172条③）。条例で定めるべき定数は当該年度を超えて任用される職員の数であり，1年以内の存続期間が予定されている臨時又は非常勤の職は条例定数の対象外とされている。

2 × 誤り。一定の職については，受験資格として性別や住所地を要件とすることは許される。

3 × 誤り。臨時的任用には，法15条の2の定義から昇任及び降任又は転任の任命を行うことは考えられず，一時的に必要が生じたときは，兼職，事務取扱い等によって対処されている。

4 ○ 正しい。法17条1項は，職員の任用について正規の任用を行うことを原則としており，例外として，法22条の3により一定の事由がある場合に臨時的任用を行うことができるとしている。

5 × 誤り。臨時的任用は，本来緊急な場合等に選考等の能力実証を行わず職員を任用する例外的な制度とされる。ただし，職員の採用にあたっては客観的な能力の実証を行う必要があることに留意すべきである（平26.7.4総務省通知）。

正 解	4

 56 正解チェック欄 1回目 2回目 3回目

1 × 誤り。臨時的任用職員は，一般職の地方公務員であるから，地方公務員法の適用を受ける。

2 × 誤り。臨時的任用職員には，行政不服審査法に関する規定が適用されない（法29条の2①）。したがって，臨時的任用職員が，審査請求を行うことはできない。

3 × 誤り。臨時的任用は本来緊急な場合等に選考等の能力実証を行わずに任用する例外的な制度であることから，「常勤職員に欠員を生じた場合」に限られる（法22条の3①）。

4 ○ 正しい（法22の3④）。

5 × 誤り。任命権者が，人事委員会の承認を得ることなく，あるいは人事委員会が定める資格要件によらずに臨時的任用を行った場合には，人事委員会はその任命権者の臨時的任用を取り消すことができる（法22条の3①～③）。

正 解	4

4 任 用 *59*

〇57 ★★★ **臨時的任用 ③任用**

臨時的任用に関する記述のうち妥当なのは，次のどれか。

1　臨時的任用は，緊急の場合，臨時の職に関する場合に限り認められる。

2　臨時的任用は，地方公務員法に規定する特別な場合に限り認められるが，その判断は任命権者に委ねられている。

3　人事委員会を置かない地方公共団体の臨時的任用の期間は6か月を超えることはできないが，さらに6か月以内であれば任命権者は1回に限り更新することができる。

4　人事委員会を置く地方公共団体の臨時的任用の期間は，人事委員会の承認を得ることなく1回に限り更新することができる。

5　6か月を超えて勤務した臨時的任用職員が正規職員に採用された場合，条件付採用に関する規定は適用されない。

〇58 ★★★ **臨時的任用 ④身分取扱い**

臨時的任用職員に関する記述のうち妥当なのは，次のどれか。

1　臨時的任用職員には，顧問，参与，調査員等一定の技能，知識に基づき臨時的に任用される特別職の地方公務員も含まれる。

2　臨時的任用職員には，分限に関する規定が適用されないので，分限処分はあり得ない。

3　臨時的任用職員は，期限を限って一時的に任用されるものであることから，職員団体に加入することはできない。

4　臨時的任用職員は，期限を限って一時的に任用されるものであることから，昇任は有り得ないが，昇給はあり得る。

5　臨時的任用職員は，給与，勤務時間その他勤務条件に関し人事委員会又は公平委員会に対して措置要求を行うことができる。

A57　正解チェック欄

1　×　誤り。人事委員会を置く地方公共団体の臨時的任用は，人事委員会規則の定めによる「常時職員を要する職に欠員が生じた場合」で緊急の場合，臨時の職の場合，採用候補者名簿がない場合である。令和2年4月から施行の法改正により厳格化された（法22条の3①）。

2　×　誤り。地方公務員法は，人事委員会に基本的権限を認めている。例えば，人事委員会に，臨時的任用職員の資格要件の設定や違反する任用についての取消権限等を認めている（法22条の3③）。なお，競争試験等を行う公平委員会には，人事委員会と同様の権限がある（法17条②）。

3　○　正しい（法22条の3④）。

4　×　誤り。人事委員会の承認を得て，6か月を超えない期間で1回に限り更新することができる（法22条の3①）。

5　×　誤り。臨時的任用は，正式任用に際して，いかなる優先権を与えるものではない（法22条の3⑤）。

正解　3

A58　正解チェック欄

1　×　誤り。顧問，参与，調査員等一定の技能，知識に基づき臨時的に任用される特別職の者は，臨時的に任用される地方公務員であるが，法22条の3に規定する臨時的任用職員ではない（法3条3Ⅲ）。

2　×　誤り。臨時的任用職員は，その任用期間が短期であるため，分限に関する規定が適用されない（法29条の2①）。しかし，臨時的任用職員の分限について，条例で必要な事項を定めることができるとされている（法29条の2②）。

3　×　誤り。地方公務員法において，臨時的任用職員が職員団体に加入することを禁止する規定はないので，加入することは可能である。

4　×　誤り。臨時的任用職員は，正式採用ではないので，昇任，昇給はあり得ない。

5　○　正しい。地方公務員法において，臨時的任用職員が勤務条件に関する措置要求を行うことを除外する規定がないことから，正式任用の職員と同様に人事委員会又は公平委員会に対して要求できる。

正解　5

🅟59 ★★ 定年前再任用短時間勤務職員の任用 ①

　令和5年4月1日施行の定年前再任用短時間勤務職員の任用に関する記述として妥当なのは，次のうちどれか。

1　定年前再任用短時間勤務職員の任用は，地方公務員の定年引上げに伴い60歳以降の多様な働き方を可能とするために導入された制度で，国家公務員の定年引き上げによる権衡を保つために導入された制度ではない。

2　定年前再任用短時間勤務職員の任用は，地方公共団体の長が，当該地方公共団体の条例で定める年齢に達した日以後，定年退職日相当日前に退職した者を，短時間勤務の職に採用する制度である。

3　定年前再任用短時間勤務職員としての任用は，臨時的に任用される職員が退職する場合は除かれるが，非常勤職員が退職する場合は含まれる。

4　定年前再任用短時間勤務職員としての採用は，従前の勤務実績や人事委員会規則で定める情報に基づく選考により行うものである。

5　定年前再任用短時間勤務職員として採用された職員の希望により，常時勤務を要する職に昇任し，後任し，転任することができる。

🅟60 ★★ 定年前再任用短時間勤務職員の任用 ②

　定年前再任用短時間勤務職員の任用に関する記述として妥当なのは，次のうちどれか。

1　定年前再任用短時間勤務職員の任用は，条例で定める年齢に達する日以前に退職した者も，その者の定年退職日相当日前であれば採用できる。

2　定年前再任用短時間勤務職員の任期は，1年を超えない範囲内で任期を定めて採用するものとし，条例の定めにより，1年を超えない範囲で更新することができる。

3　定年前再任用短時間勤務職員には条件付採用の規定は適用されず，条例定数上の対象にもならない。

4　定年前再任用短時間勤務職員に対しては，現在採用されている定年再任用短時間勤務の在職期間に懲戒事由に該当した場合のみ懲戒処分を行うことができる。

5　地方公共団体の組合を組織する地方公共団体の任命権者は当該組合の条例年齢以上の退職者を定年前再任用短時間職員の職に採用することはできるが，組合の任命権者が当該地方公共団体の条例年齢以上の退職者を定年前再任用短時間勤務職員の職に採用することはできない。

59 　正解チェック欄　　1回目 □　2回目 □　3回目 □

1　×　誤り。定年前再任用短時間勤務制度は，国家公務員の定年引上げと権衡を保つため，地方公務員にも同様な措置を講ずるために導入された制度である（法22条の4②）。

2　×　誤り。定年前再任用短時間勤務職員の任用は，任命権者が行うもので，地方公共団体の長に限らない（法22条の4）。
　　なお，任命権者は，当分の間，職員が条例で定める年齢に達する日の属する前年度に，当該年齢に達する日以後に適用される任用及び給与等に関する情報を提供するとともに，勤務の意思を確認するよう努めるものとされている（法附則23）。

3　×　誤り。定年前再任用短時間勤務職員としての任用は，臨時的に任用される職員その他の法律により任期を定めて任用される職員及び非常勤職員が退職する場合は該当しない（法22条の4①）。

4　○　正しい。条例の定めるところにより，従前の勤務実績その他の人事委員会規則で定める情報に基づく選考により行うこととされている（法22条の4①）。

5　×　誤り。任命権者は，定年前再任用短時間勤務職員について常時勤務を要する職に昇任等をすることはできない（法22条の4⑤）。
　　　　　　　　　　　　　　　　　　　　　　　　　　正解　4

 60 　正解チェック欄　　1回目 □　2回目 □　3回目 □

1　×　誤り。定年前再任用短時間勤務職員の任用は，条例で定める年齢に達した日以後，その者の定年退職日相当日前に退職した職員が対象である（法22条の4①）。
　　なお，令和3年法改正前の定年退職者等の再任用による短時間勤務への任用の対象者や任期の取り扱い等に違いがあることに注意。

2　×　誤り。定年前再任用短時間勤務職員の任期は，採用の日から定年退職日相当日までである。条例で定める年齢に達した日以後に退職した者を定年退職日相当日まで採用できる（法22条の4③）。

3　○　正しい。条件付採用の規定は適用されない（法22条の4⑥）。条例定数の対象とならず別途管理していくものとされる（自治法172条③ただし書）。

4　×　誤り。条例で定める年齢に達した退職の日以前に引き続き職員として在職した期間，かつて定年前再任用短時間勤務職員として在職した期間に懲戒に該当する事由がある場合も，懲戒処分を行うことができる（法29③）。

5　×　誤り。地方公共団体で組織する組合の任命権者も，地方公共団体の条例年齢以上の退職者を定年前再任用短時間勤務職員の職に採用することができる（法22条の5①～③）。
　　　　　　　　　　　　　　　　　　　　　　　　　　正解　3

Q61 ★★★ 人事評価 ①人事評価の実施

人事評価に関する記述として妥当なのは，次のどれか。

1　人事委員会及び公平委員会は，人事評価の実施に関し，任命権者に勧告することができる。

2　任命権者は，職員の人事評価を公正に行い，任用，給与，分限のための客観性に基づいた評価の一つの参考として活用することができる。

3　任命権者は，職員の執務については，任用等の必要に応じて，適宜，人事評価を行い，その結果に応じた措置を講じるよう努めることとされている。

4　任命権者は，人事委員会の意見を聞いて人事評価の基準及び方法に関する事項その他人事評価に関し必要な事項を定める必要がある。

5　地方公共団体の長及び議会の議長以外の任命権者が，人事評価の基準及び方法に関する事項その他人事評価に関し必要な事項を定めるときには，あらかじめ，地方公共団体の長との協議が必要である。

Q62 ★ 人事評価 ②標準職務遂行能力

人事評価に関する記述として妥当なのは，次のどれか。

1　職員の職務遂行能力を判断するための標準職務遂行能力は，人事委員会及び公平委員会が定める。

2　職員の職務遂行能力を判断するための標準職務遂行能力は，地方公共団体の長が定める。

3　標準的職務遂行能力を定める場合の基準となる標準的な職については，職制上の段階に応じて定めることとされている。

4　議会の議長が，議会事務局職員の標準職務遂行能力及び標準的な職を定めようとするときは，あらかじめ地方公共団体の長と協議しなければならない。

5　教育委員会が，教育委員会事務局職員の標準的職務遂行能力及び標準的な職を定めようとするときは，あらかじめ地方公共団体の長と協議しなければならない。

61　正解チェック欄

1回目　2回目　3回目

1　×　誤り。職員の人事評価の実施に関し，任命権者に勧告することができる権限を有するのは人事委員会で，公平委員会にこのような権限はない（法23条の4）。

2　×　誤り。人事評価は，職員の能力及び実績に基づく人事管理を徹底するもので，前段は人事評価の根本基準で正しい（法23条①）。任命権者は，人事評価を任用，給与，分限その他人事管理の基礎として活用するものとしている（法23条②）。

3　×　誤り。職員の執務については，その任命権者は定期的に人事評価を行わなければならない（法23条の2①）。また，その結果に応じた措置を講じなければならない（法23条の3）。

4　×　誤り。人事評価の基準及び方法に関する事項その他人事評価に関し必要な事項は，任命権者が定めるものとされ（法23条の2②），人事委員会に意見を求めることまで定めていない。

5　○　正しい（法23条の2③）。

正解　5

62　正解チェック欄

1回目　2回目　3回目

1　×　誤り。職務遂行能力を判断するための標準である標準職務遂行能力を定めるのは，任命権者である（法15条の2①Ⅴ）。

2　×　誤り。標準職務遂行能力は，職制上の段階の標準的な職の職務を遂行する上で発揮することが求められる能力として任命権者が定めるものをいう（法15条の2①Ⅴ）。

3　×　誤り。標準的職務遂行能力の標準的な職は，職制上の段階だけでなく職務の種類に応じて任命権者が定めなければならない（法15条の2②）。

4　×　誤り。法15条の2第3項で地方公共団体の長及び議会の議長以外の任命権者が標準的職務遂行能力及び標準的な職を定める場合は，地方公共団体の長に協議しなければならない。したがって，議会事務局職員の標準職務遂行能力は任命権者としての議会の議長が定め，地方公共団体の長との協議は必要ない。

5　○　正しい。解説4のとおり，任命権者である教育委員会が教育委員会事務局職員の標準的職務遂行能力及び標準的な職を定める場合，あらかじめ地方公共団体の長に協議しなければならない（法15条の2③）。

正解　5

◯63 ★★ 勤務条件の意義

地方公務員法における職員の勤務条件に関する記述のうち妥当なのは，次のどれか。

1 職員の給与や勤務時間に関する事項は，勤務条件に当たらない。
2 昇任や転任の基準に関する事項は，勤務条件に当たらない。
3 職員の災害補償に関する事項は，勤務条件に当たらない。
4 職員の福利厚生事業は，勤務条件に当たらない。
5 個々具体的な職員の人事異動は，勤務条件に当たらない。

◯64 ★★★ 給与 ①給与の基本原則

地方公務員法における職員の給与に関する次の記述のうち妥当なのは，次のどれか。

1 職員の給与の支給原則として，職務給，均衡及び条例主義の3つの原則があげられる。
2 職員の給与について，地方公共団体は給与条例で等級ごとの給料表や等級別基準職務表を定め，また，等級別に職名ごとの職員数を公表するものとしているのは，職務給の原則を徹底するためである。
3 職員の給与について，地方公共団体は，社会一般の情勢に適応するように努めなければならないが，随時，適当な措置を講ずることまでは求めていない。
4 職員の給与の決定要素として，生計費，国及び他の地方公共団体の職員の給与，民間給与，その他の事情があげられるが，特に国及び他の地方公共団体の職員の給与が重視される。
5 職員の給与は，民間給与とその性格を異にしており，地方公共団体の支払い能力とか支給の効果について考慮を払う必要はない。

63 　　　　**正解チェック欄**　　　 | 1回目 | | 2回目 | | 3回目 | |

1　×　誤り。勤務条件とは，職員が地方公共団体に対して勤務を提供するについて存する諸条件で，職員が自己の勤務を提供し，又はその提供を継続するかどうかの決心をするに当たり一般的に当然に考慮の対象となるべき利害関係事項をいう（法制意見昭26.4.18）。職員の給与や勤務時間に関する事項は，まさに勤務条件の代表的なものである。

2　×　誤り。昇任，降任，転任，免職，休職，懲戒の基準に関する事項は，勤務条件であるとされている。

3　×　誤り。労働に関する安全，衛生及び災害補償に関する事項も勤務条件であるとされている。

4　×　誤り。福利厚生事業，職場の執務環境，職員住宅の設置なども勤務条件であるとされている。

5　○　正しい。昇任，転任等の個々の問題が勤務条件なのではなく，これらの基準が勤務条件であるとされている。

　　　　　　　　　　　　　　　　　　　　　　　　| 正　解　　5 |

64 　　　　**正解チェック欄**　　　 | 1回目 | | 2回目 | | 3回目 | |

1　×　誤り。本肢は，給与の決定原則と支給原則を混同している。

給与の基本原則┌決定原則（法24条）…職務給・均衡・条例主義
　　　　　　　└支給の原則（法25条②）…通貨払・直接払・全額払

2　○　正しい。設問のとおり（法25条③Ⅱ，④，⑤，法58条の3）。

3　×　誤り。地方公共団体は，社会一般の情勢に適応するように，随時，適当な措置を講ずる義務がある（法14条）。この情勢適応の原則は，給与をはじめとして，勤務条件一般に適用される大原則である。

4　×　誤り。職員の給与は，生計費，国及び他の地方公共団体の職員の給与，民間給与，その他の事情を考慮して定めなければならないが，これらの諸要素を総合的に考慮すべきものとされる。

5　×　誤り。自治体も財政状況等や対費用効果を考慮すべきことは当然である。

　　　　　　　　　　　　　　　　　　　　　　　　| 正　解　　2 |

65 ★ 給与 ②職務給の原則

職務給の原則に関する記述のうち妥当なのは，次のどれか。

1　職務給の原則とは，給与は勤労者の生活の維持に必要な額を決定すべきであるとするものである。
2　現在の職員の給与体系においては職務給の原則は，めざすべき理念的な原則として掲げられている。
3　職務給の原則は，各給料表の等級内の号給の区分と定期昇給によって実現されている。
4　職務の困難などに対応する特殊勤務手当，管理職手当及び扶養手当は，職務給の原則に基づくものである。
5　職務給の原則は，条例主義の原則，情勢適応の原則及び均衡の原則とともに給与の決定に関する原則である。

66 ★ 給与 ③支給の原則

一般職の職員の給与に関する記述のうち妥当なのは，次のどれか。

1　職員が他の地方公共団体の一般職の職員の職を兼ねたときは，任命権者の許可があれば，これに対して重ねて給与を受けることができる。
2　給与は原則としてその全額を直接職員に支払わなければならないが，国税徴収法による職員の給与の差押は，この原則の例外をなすものである。
3　給与は，懲戒処分としての減給処分の場合のほか，予算執行上の必要があるときは，条例で定めている給与額を減じて支給することができる。
4　正式任用の職員の給与は条例によらなければならないが，臨時的任用の職員の給与は条例による必要はなく予算の範囲内で賃金として支払われる。
5　職員が所属長の許可を得て職務外に講習会や研修会等の講師になった場合に謝礼金を受け取ることは，一般的には給与法定の原則に反し違法である。

65　　正解チェック欄　　1回目 [　] 2回目 [　] 3回目 [　]

1　×　誤り。職務給の原則とは，職員の給与は，その職務と責任に応ずるものでなければならないとする原則をいう（法24条①）。勤労者の生活の維持に必要な額を決定すべきであるとするのは，生活給の考え方である。

2　×　誤り。給与条例において，職員の職務の複雑，困難及び責任の度に基づく等級ごとに明確な給料額の幅を定めた給料表，職員の職務内容を等級ごとに定めた等級別基準職務表を規定すべきことなど，職務給の原則の徹底を図っている。

3　×　誤り。職務給の原則は，具体的に各給料表の等級の区分によって実現されている。

4　×　誤り。扶養手当は，職務給の原則に基づくというよりは，むしろ生活給の性格が強い。

5　○　正しい。職務給の原則，条例主義の原則及び均衡の原則を給与の決定に関する三原則といい，情勢適応の原則を加えて給与決定の四原則ということもある。

正解　5

 66　　正解チェック欄　　1回目 [　] 2回目 [　] 3回目 [　]

1　×　誤り。職員は，任命権者の許可の有無にかかわらず，他の職員の職を兼ねる場合，その給与を受けてはならない（法24条③）。

2　○　正しい。全額払いの原則の例外としては，所得税，住民税の源泉徴収，地方公務員共済組合の掛金等，通勤災害により補償を受ける職員が払う公務災害補償基金に納付する一部負担金，給与についての債権の差押を受けた場合などがある。

3　×　誤り。条例に定める給与額を減じて支給することはできず，給与改定の条例改正が必要である。なお減給処分は，減給額が給与の全額となり，給与の全額払いの原則に反しないと解されている。

4　×　誤り。給与の条例主義（法24条⑤）は，臨時的任用の職員にも適用される。ただし，企業職員と単純労務職員には適用されない。

5　×　誤り。職員表彰の記念品や職員が講師となった場合の謝礼は，勤労の度合いに比例する対価ではないので給与には該当しないとされる（行実昭31.11.20等）。

正解　2

◉67 ★★★ 給与 ④支給の原則

職員の給与の支払いに関する記述のうち妥当なのは，次のどれか。

1　職員の給与の支払いを小切手で行うことは，条例で規定すれば通貨払いの原則に反しない。

2　職員の給与を当該職員の委任を受けた者に対して支払うことは，必ずしも直接払いの原則に反するとはいえない。

3　前月分の職員の給与の過払分を当月分の給与から控除することは，必ずしも全額払いの原則に反するとはいえない。

4　給与の通貨払いの原則，直接払いの原則及び全額払いの原則は，法定事項なので，条例で特例を設けることはできない。

5　職員の給与の減額は，全額払いの原則に反する。

◉68 ★ 給与 ⑤全般

職員の給与に関する記述のうち妥当なのは，次のどれか。

1　職員団体の業務にもっぱら従事するため休職している場合，当該期間中扶養手当だけは支給される。

2　職員の給与については，給料表や各種手当の額などの具体的な事項について条例で定めなければならないが，単純労務職員の給与については，条例で定めるのは，給与の種類と基準のみとされる。

3　給料の額は，条例で定めなければならないが，昇給の基準に関する事項については，人事委員会規則で規定される。

4　人事委員会は，地方公共団体の議会及び長に同時に給料表の改定を勧告することができるが，諸手当についてはその改定について意見を申し出ることはできない。

5　通勤手当を通勤定期乗車券で支給することは，法律で定めた通貨払いの原則に反するので，条例で規定することはできず，許されない。

A 67 正解チェック欄

1　×　誤り。地方公共団体においては，退職手当を除いて小切手による給与の支給が禁止されている（自治法施行令165条の4③）ので，職員の給与の支払いを小切手で行うことを，条例で規定できない。

2　×　誤り。給与を委任を受けた者に対して支払うことは，直接払いの原則に反すると解されている。ただし使者に対して支払うことは差し支えないとされている（行実昭23.12.4）が，両者の区別は実際上難しい。

3　○　正しい。過払いの時期と清算調整の時期が合理的に接着し，労働者に予告され，控除の額が多額にならないなど，労働者の経済生活の安定を脅かさない場合は許される（最判昭44.12.18）。

4　×　誤り。条例による特例が認められている（法25条②）。

5　×　誤り。減額された給与の額が，給与の全額となるので，全額払いの原則に反しない。

正　解　3

A 68 正解チェック欄

1　×　誤り。職員団体の業務にもっぱら従事するため休職している場合，いかなる給与も支給されない。（法55条の2⑤）。給与には各種手当が含まれる。

2　○　正しい。単純労務職員については，給与の種類及び基準のみ条例で定めればよい（法57条，地公企労法附則⑤，地公企法38条④）。

3　×　誤り。昇給の基準に関する事項は，条例で定めなければならない（法25条③Ⅲ）。

4　×　誤り。人事委員会は，地方公共団体の議会及び長に同時に給料表の改定を勧告することができる（法26条）。手当についても，法8条1項2号，3号を根拠に，その改定について意見を申し出ることができる。

5　×　誤り。条例で特例を定めることができ，通勤手当を通勤定期乗車券で支給することも可能である。

正　解　2

69 ★ 給与 ⑥全般

職員の給与に関する記述のうち，妥当なのは次のうちどれか。

1　給与とは，常勤職員に対しその勤務に対する報酬として支給される一切の有価物をいい，給料，手当及び職員に対し職務に関連して支給される被服が給与に含まれる。

2　地方公共団体が常勤職員に対し支給できる手当の種類については，地方自治法に定められており，これ以外の手当を条例で定めて支給することはできない。

3　一般行政職員及び単純労務職員の給与については，給料表や具体的な額を条例で定めなければならないが，地方公営企業の職員の給与については，給与の種類と基準のみ条例で定めればよい。

4　教育職員のうち県費負担教職員の給与については，都道府県が負担するが，職員の身分は市町村に属するので，具体的な支給額は各職員が属する市町村の条例で定められる。

5　休職者に対する給与については，心身の故障による休職の場合には，給与の一定割合を支給することができるが，刑事事件に関し起訴されたことに基づく休職の場合は支給することができない。

70 ★ 給与 ⑦給与請求権

地方公務員の給与請求権に関する記述のうち妥当なのは，次のどれか。

1　職員の給与請求権は，消滅時効の完成猶予や更新の規定がないので，時効期間の経過により絶対的に消滅する。

2　職員の給与請求権が時効によって消滅するためには，地方公共団体の援用を必要としない。

3　職員の給与請求権の消滅時効は，支払期日又は支給すべき事実の生じた日から2年である。

4　地方公共団体は，給与請求権の消滅時効の利益をあらかじめ放棄することはできないが，時効完成後は放棄することができる。

5　地方公共団体の長や議会の議員は，給与請求権を放棄することができる。

69 正解チェック欄 [1回目] [2回目] [3回目]

1 × 誤り。フルタイムの会計年度任用職員を含めた常勤の職員に対し法律又はこれに基づく条例の定めるところにより給料その他の給付をしなければならない（自治法204条）。職務の遂行上必要な被服等の支給は給与に含まれない（行実昭27.9.3）。

2 ○ 正しい。給与の法定主義の原則である（自治法204条の2）。

3 × 誤り。単純労務職員についても，地方公営企業職員と同様に給与の種類及び基準のみ条例で定めればよい（法57条，地公企労法附則⑤，地公企法38条④）。

4 × 誤り。県費負担教職員の給与は，都道府県条例で定める（地教行法42条）。

5 × 誤り。起訴休職の場合も給与の一定割合を支給することができる。

　正　解　　2

 70 正解チェック欄 [1回目] [2回目] [3回目]

1 × 誤り。職員の給与請求権の時効の完成猶予や更新について特別な規定がないので，民法の規定が準用される（自治法236条③）。したがって，請求や仮差押えなどによって時効が更新され，天災事変により時効が完成しないことはあり得る。

2 ○ 正しい。地方公共団体に対する金銭債権の時効については，援用を必要としない（自治法236条②）。

3 × 誤り。令和2年3月31日の労働基準法115条の改正により，改正法の施行日（令和2年4月1日）以後に支払われる給与請求権の時効は2年から5年に延長されたが，同法143条3項により「当分の間」3年とする経過措置がとられている。

4 × 誤り。一般的に債権は，時効の利益をあらかじめ放棄することはできないが（民法146条），事後においては放棄することはできると解されている。しかし，職員の給与については，事後についても放棄できない（自治法236条②）。

5 × 誤り。地方公共団体の長や議会の議員が，給与請求権を放棄することは公職選挙法で禁止されている寄附に当たるので，一切許されない（公選法199条の2）。

　正　解　　2

ⓠ71 ★ 給与 ⑧給与請求権

職員の給与請求権に関する記述のうち妥当なのは，次のどれか。

1　職員の給与請求権は，公務員としての地位を有する者のみに与えられた公法上の債権であり，他人に譲渡することは許されないが，放棄することはできる。

2　公務員としての地位に基づく一身専属的な給与請求権は放棄することができるが，その支分権である具体的給与の請求権は，実際の労働の対価であり，放棄することはできない。

3　公務員としての地位に基づく給与請求権の支分権である具体的給与の請求権は，放棄することが認められる場合がある。

4　職員は，任命権者に届け出ることにより，自らの給与請求権を任意に他人に譲渡することができる。

5　給与請求権は，公務員としての地位を有する者のみに与えられた公法上の債権であり，他人に譲渡することは許されないが，手当についてはこの限りではない。

ⓠ72 ★★ 勤務時間 ①基本原則

職員の勤務時間に関する記述として妥当なのは，次のどれか。

1　職員の勤務時間については，民間事業の従事者の勤務時間を考慮して定めなければならないが，勤務時間に関し講ずべき措置について人事委員会による地方公共団体の議会や長への勧告制度は設けられていない。

2　勤務時間は，労働基準法に定める基準の範囲内であれば，条例で定めることなく地方公共団体の当局と職員団体との間の書面協定で定めることができる。

3　勤務時間は，その決定に当たっては，労働基準法に定める基準を下回るものであってはならず，国及び他の地方公共団体の職員との間に権衡を失しないように適当な考慮が払われなければならない。

4　勤務時間は，条例の委任があれば，規則でこれを全面的に定めることができ，その規則に定めのない事項については，地方公共団体の当局と職員団体との間の書面協定で定めることができる。

5　勤務時間は，人事委員会を置く地方公共団体においては人事委員会規則でこれを定めなければならず，人事委員会を置かない地方公共団体においては労働基準法の規定によらなければならない。

A71 正解チェック欄

1　×　誤り。公務員としての地位に基づく給与請求権，いわゆる基本権は，公法上の債権であり，公益を害するおそれがあるため，譲渡も放棄も許されないと解されている。

2　×　誤り。基本権としての給与請求権は，譲渡も放棄もできない。支分権としての給与請求権については，公益を害するおそれがない場合は，可能とされる。

3　○　正しい。支分権としての給与請求権についても，一般的に譲渡，放棄はできないが，職員の申し出により，給与支払者が生活や公務の遂行に支障がないと判断して承認した限度で認められる。

4　×　誤り。任命権者に届け出ても，自らの給与請求権を任意に他人に譲渡することはできない。

5　×　誤り。手当も給与の一部であり，給料と同様に原則として他人に譲渡することは許されない。

正解　3

A72 正解チェック欄

1回目 | 2回目 | 3回目

1　×　誤り。給与以外の勤務条件については，給与と異なり民間事業の従事者の状況を考慮すべきことは地方公務員法には明記されていない（法24条④参照）。しかし，これをも考慮すべきことは，情勢適応の原則から当然のことである（法14条）。後半が誤りで，人事委員会は，給与，勤務時間その他の勤務条件に関し講ずべき措置について議会及び長に勧告することができる（法8条①Ⅴ）。

2　×　誤り。勤務条件は，条例で定める（法24条⑤）。これを条例主義という。

3　○　正しい。労働基準法，権衡の原則が適用される（法24条④，58条③）。

4　×　誤り。職員の勤務時間等を全面的に規則で定め得るよう条例で委任することはできない（行実昭27.11.18）。

5　×　誤り。勤務条件たる勤務時間は，条例で定める（法24条⑤）。

正解　3

◯73 ★ 勤務時間 ②安全衛生

　職員の勤務条件に関する記述のうち妥当なのは，次のどれか。

1　使用者は，勤務時間が5時間を超える場合は少なくとも45分，7時間を超える場合は少なくとも1時間の休憩時間を勤務時間の途中に与えなければならない。

2　使用者は，原則として，1日について休憩時間を含めて8時間を超えて労働させてはならない。

3　一定の事業については，使用者は職員の任用の際及び定期的に医師に労働者の健康診断をさせなければならない。

4　労働基準法は，労働条件の標準を定めたもので，この基本理念に従い弾力的にこれを運用しなければならない。

5　管理監督の地位にある職員及び機密の事務を取り扱う職員についても勤務時間の基本原則が適用される。

◯74 ★ 時間外勤務

　職員の時間外勤務に関する記述のうち妥当なのは，次のどれか。

1　時間外勤務とは，正規の勤務時間外の勤務及び週休日の勤務で，休日勤務又は宿日直勤務に該当しないものをいう。

2　正規の勤務時間外の勤務とは，正規の勤務時間の開始前及び終了後を意味し，休憩時間中の勤務は当たらない。

3　労働基準法は，勤務時間は，休憩時間を除いて1日に8時間，1週間について44時間を超えてはならないと規定している。

4　企業職員等について，労働基準法第36条に規定する労使の協定，いわゆる三六協定を締結すれば，時間外勤務を命ずることができるが，この場合，労働基準監督機関の許可を得る必要がある。

5　労働基準法は，労働基準監督機関の許可を得れば，公務上の臨時の必要に基づく場合に，地方公務員に時間外勤務を命ずることができるとしている。

73 正解チェック欄　1回目□　2回目□　3回目□

1　×　誤り。使用者は，勤務時間が6時間を超える場合は少なくとも45分，8時間を超える場合は少なくとも1時間の休憩時間を勤務時間の途中に与えなければならない（労基法34条①）。

2　×　誤り。休憩時間を除いて8時間である（労基法32条②）。

3　○　正しい。労働者の安全及び衛生に関しては，労働安全衛生法66条1項の定めるところによる（労基法42条）。

4　×　誤り。労働基準法は，労働条件の最低基準を定めたものである。

5　×　誤り。管理監督の地位にある職員及び機密の事務を取り扱う職員については，労働基準法に定める勤務時間の基本原則は適用されない（労基法41条Ⅱ）。

正　解　3

74 正解チェック欄　1回目□　2回目□　3回目□

1　○　正しい。なお，週休日（正規の勤務時間を割り振らない勤務を要しない日）の勤務には，時間外勤務手当が支給されるのに対し，休日（国民の祝日や年末年始など）の勤務には，正規の勤務時間であれば休日給が，勤務時間外であれば時間外勤務手当が支給される。宿日直勤務には宿日直手当が支給される。

2　×　誤り。休憩時間は，正規の勤務時間には含まないので，休憩時間に勤務をすれば時間外勤務に当たる。

3　×　誤り。労働基準法は，勤務時間は，休憩時間を除いて1日に8時間，1週間について40時間を超えてはならないと規定している（労基法32条）。

4　×　誤り。労働基準監督機関の許可ではなく，届出で足りる（労基法36条①）。

5　×　誤り。この場合，労働基準監督機関の関与はない（労基法33条③）。

正　解　1

Q75 ★休　日

職員の休日に関する記述のうち妥当なのは，次のどれか。

1　労働基準法に規定のない休日として，国民の祝日に関する法律で指定された休日があり，当然に勤務義務が免除されるが，給与は支給されない。

2　労働基準法に規定のない休日として，条例で休日とされた日は，本来勤務義務を課されていない日であり，これらの日に勤務した場合は，時間外勤務手当が支給される。

3　労働基準法上の休日は，毎週少なくとも1回，又は4週間を通じて4日以上与えなければならない。この休日は有給である。

4　多くの地方公共団体は，原則として土曜日と日曜日を休日とし，これらの休日を週休日と呼んでいる。この休日は，給与が支給されない。

5　公務のため臨時に必要のあるときは，勤務を要しない日に職員に勤務を命ずることができるが，事後に行政官庁に届け出なければならない。

Q76 ★休　暇

職員の休暇に関する記述のうち妥当なのは，次のどれか。

1　職員は，採用の日から起算して6か月継続勤務し，全勤務日の8割以上出勤すれば，少なくとも10日の年次有給休暇が与えられる。

2　労働基準法の規定は最低基準であるから，条例で例えば職員の年次有給休暇を100日与えると定めることも適法である。

3　労働基準法は，年次有給休暇の年間総日数が20日を超える場合は，その超える日数については有給休暇を与えることを要しないことを明記している。

4　職員から年次有給休暇の請求があったときは，任命権者は原則として承認を与えなければならないが，職務に支障があるときは拒否することができる。

5　年次有給休暇を年ごとに付与している場合，翌年に繰り越した休暇のうち使わない分を翌々年に繰り越すことも可能である。

75 　　正解チェック欄　　| 1回目 | | 2回目 | | 3回目 | |

1　×　誤り。労働基準法に規定のない休日として，国民の祝日に関する法律で指定された休日や年末年始の休日がある（自治法4条の2②）。これらは本来，勤務すべき日であるが，法律の趣旨を尊重し，条例で勤務義務を免除するものである。これらの日は，有給である。

2　×　誤り。土曜日と日曜日のような週休日は，本来勤務義務を課されていない日であり，これらの日に勤務した場合は，時間外勤務手当が支給される。労働基準法に規定のない休日として，条例で休日とされた日の場合は，休日勤務手当が支給される。

3　×　誤り。前段は正しい（労基法35条）。労働基準法上の休日は，勤務を要しない日であるから，給与は支給されない。

4　○　正しい。

5　×　誤り。公務のため臨時に必要のあるときは，勤務を要しない日に職員に勤務を命ずることができるが（労基法33条③），事後に行政官庁に届け出ることは必要ない。

| 正解　4 |

 76　　正解チェック欄　　| 1回目 | | 2回目 | | 3回目 | |

1　○　正しい（労基法39条①）。

2　×　誤り。勤労者の福祉を厚くすることは労働基準法の趣旨には適うが，職員の勤務条件は情勢適応の原則，あるいはその具体化である権衡の原則の適用があり，適法とはいえない。すなわち職員の給与以外の勤務条件を定めるに当たっては，国及び他の地方公共団体の職員との間に権衡を失しないように適当な考慮を払わなければならない（法24条④）。

3　×　誤り。労働基準法の年次有給休暇の日数は最低基準である（労基法39条②）。

4　×　誤り。使用者は，年次有給休暇を職員の請求する時季に与えなければならないが，請求された時季に有給休暇を与えることが事業の正常な運営を妨げる場合は，他の時季にこれを与えることができる（労基法39条⑤）。これを任命権者の時季変更権という。

5　×　誤り。年次有給休暇の消滅時効は2年であるので（労基法115条），年次有給休暇が，1月1日に付与された場合は，消滅時効の起算日も当該年の1月1日なので，その翌年に限り繰り越すことができる。

| 正解　1 |

⓹77 ★ 宿日直勤務

　地方公共団体の庁舎，施設等の保全や緊急時の事務処理のための宿
日直勤務に関する記述のうち妥当なのは，次のどれか。

1　宿日直勤務は，労働基準法第41条に定める断続的労働には当たら
ない。

2　宿日直勤務をさせる場合は，労働基準監督機関の許可を必要とし
ない。

3　宿日直勤務は，通常の勤務の延長として命ずることができる。

4　宿日直勤務をした職員に対しては，時間外勤務手当を支給しなけ
ればならない。

5　通常の勤務を行った者に引き続き宿日直勤務を命ずることができ
る。

⓹78 ★ 休憩時間

　労働基準法に定める職員の休憩時間に関する記述のうち妥当なの
は，次のどれか。

1　使用者は，労働者の過半数で組織する労働組合との協定に基づ
き，休憩時間を労働時間の最後に与えることができる。

2　使用者は休憩時間は一斉に与えなければならないが，労働者の過
半数で組織する労働組合との書面協定に基づき，休憩時間を一斉に
与えないこともできる。

3　休憩時間は，労働時間が6時間を超える場合には45分，8時間を
超える場合には1時間と法定されており，それ以上に休憩時間を増
やすことはできない。

4　監督又は管理の地位にある者についても，労働基準法では休憩時
間を与えなければならないとされている。

5　休憩時間は原則として自由に利用させなければならない。ただ
し，使用者が業務上の必要がある場合はこの限りでない。

77 　　　正解チェック欄　　　| 1回目 | | 2回目 | | 3回目 | |

1　×　誤り。労働基準法41条3号は労働時間等に関する規定の適用を除外する勤務形態として監視又は断続的労働を規定するが，宿日直勤務はこれに該当する。

2　×　誤り。宿日直勤務をさせる場合は，上記1の断続的労働に該当するので，労働基準監督機関の許可を必要とする（労基法41条Ⅲ）。

3　×　誤り。宿日直勤務が断続的労働である以上，通常の勤務の延長であることは許されない。

4　×　誤り。宿日直については，時間外勤務手当ではなく，宿直手当あるいは日直手当が支払われる。

5　○　正しい。宿日直は，通常の勤務とは別個の勤務であり，その別個の勤務について労働基準監督機関の許可を得れば，労働基準法32条の規定にかかわらず，通常の勤務に引き続き宿日直勤務をさせることができるものと解されている。

| 正 解 　5 |

 78 　　　正解チェック欄　　　| 1回目 | | 2回目 | | 3回目 | |

1　×　誤り。休憩時間は，労働時間の途中に与えなければならない（労基法34条①）。

2　○　正しい（労基法34条②ただし書）。

3　×　誤り。労働時間が6時間を超える場合は少なくとも45分，8時間を超える場合は少なくとも1時間の休憩時間を与えなければならない（労基法34条①）。

4　×　誤り。監督又は管理の地位にある者については，労働基準法の休憩時間に関する規定の適用がない（労基法41条Ⅱ）。

5　×　誤り。休憩時間は，自由に利用させなければならない（労基法34条③）。単に使用者が業務上の必要があるだけでは，休憩時間の自由使用を制限できないと解される（最判昭54.11.13）。制限するだけの合理性を要するものと考えられる（最判昭49.11.29）。

 | 正 解 　2 |

Q79 ★ 休　業

　職員の休業に関する記述として妥当なのは，次のどれか。

1　自己啓発等休業は，職員の大学等過程の履修の履歴又は国際貢献活動のための休業であって，任命権者は申請した職員に２年を超えない範囲内において承認することができる。

2　自己啓発等休業をしている職員が休職又は停職の処分を受けた場合は，任命権者は自己啓発等休業の承認を取り消さなければならない。

3　任命権者は職員の配置換えその他の方法によって，自己啓発等休業を申請した職員の業務を処理することが困難である場合には，任期を定めた採用又は臨時的任用のいずれかを行うことができる。

4　配偶者同行休業の承認は，当該配偶者が死亡したり，職員が当該配偶者と生活を共にしなくなった場合には，その効力は失われる。

5　職員が配偶者同行休業をしている期間については，給与は支給しない。

Q80 ★ 部分休業

　部分休業に関する記述として妥当なのは，次のどれか。

1　修学部分休業や高齢者部分休業を申請できる職員に，臨時的に任用される職員や非常勤職員も含まれる。

2　修学部分休業や高齢者部分休業をしている職員が，休職又は停職の処分を受けた場合は，任命権者はその承認を取り消さなければならない。

3　任命権者は，職員が修学部分休業の申請をした場合には，公務の運営に支障がない限り，承認しなければならない。

4　修学部分休業や高齢者部分休業の承認を受けて勤務しない場合には，条例で定めるところにより，給与は減額して支給される。

5　高齢者部分休業を申請できる期間は，任命権者が高年齢として規則で定める年齢に達した日以降の日で，職員が当該申請において示した日から当該職員に係る定年退職日までの期間である。

79 　　　**正解チェック欄**　　| 1回目 | 2回目 | 3回目 |

1　×　誤り。任命権者は3年を超えない範囲内において条例で定める期間，自己啓発等業業を承認することができる（法26条の5①）。

2　×　誤り。自己啓発等休業の承認は，休職又は停職の処分を受けた場合には，取り消すまでもなく，その効力を失う（法26条の5④）。

3　×　誤り。任期を定めた採用や臨時的任用を行うことができるのは，配偶者同行休業の場合であって，自己啓発等休業の場合には認められていない。

4　×　誤り。職員が当該配偶者と生活を共にしなくなった場合は，承認の効力が失われるのではなく，任命権者が承認を取り消すこととなる（法26条の6⑥）。

5　○　正しい（法26条の5③，26条の6⑪）。

　　　　　　　　　　　　　　　　　　　　　　| 正　解　　5 |

80 　　　**正解チェック欄**　　| 1回目 | 2回目 | 3回目 |

1　×　誤り。臨時的に任用される職員，任期を定めて任用される職員，非常勤職員は，対象職員から除かれている（法26条の2①）。

2　×　誤り。これらの部分休業の承認は，休職又は停職の処分を受けた場合には取り消すまでもなく，その効力を失う（法26条の2②，26条の3②）。

3　×　誤り。公務の運営に支障がなく，かつ，当該職員の公務に関する能力の向上に資すると認められる場合に，任命権者が承認することができるものである（法26条の2①）。

4　○　正しい（法26条の2③，26条の3②）。

5　×　誤り。規則で定める年齢ではなく，条例で定める年齢である（法26条の3①）。

　　　　　　　　　　　　　　　　　　　　　　| 正　解　　4 |

81 ★ 育児休業等

地方公務員の育児休業等についての記述として妥当なのは，次のどれか。

1　男性職員，女性職員とも育児休業の対象となるが，条件付採用職員や臨時的任用職員は育児休業をすることができない。

2　育児休業とは，職員が任命権者の承認を受け当該職員の子が1歳に達する日までの期間を限度として休業する制度である。

3　育児休業をしている職員が産前の休業を始め，又は出産した場合は任命権者は当該育児休業の承認を取り消すものとされている。

4　育児休業をしている期間については，職員に給与は支給されないが，期末手当又は勤勉手当は条例で定めるところにより支給することができる。

5　任命権者は，職員が小学校就学の始期に達するまでの子を養育するため，1日の勤務時間のうち3時間を超えない範囲内の時間について勤務しないことを承認することができる。

82 ★★ 分限処分 ①意義

分限処分についての記述として妥当なのは，次のどれか。

1　分限処分は，公務における規律と秩序を維持するために行うものであるから，分限免職処分を受けた場合は，処分の日から2年間は当該地方公共団体の職員となることができない。

2　分限処分は，その意思表示が相手たる職員に現実に到達することで効力を生じることから，所在不明となった職員に対しては分限処分を行うことはできない。

3　任命権者が，勤務実績の良くない職員に対しその意に反して免職する場合，この分限免職処分は当該職員に対する制裁としての意味はないものである。

4　分限処分は，任命権者が公務能率の維持のため，職員の意に反する不利益な処分を行うことができるものであり，職員の身分保障について定めた規定とは当然に趣旨が異なる。

5　分限処分は，職員が一定の事由により職責を果たせない場合に公務能率の維持向上のために行われる処分であり，その必要があれば免職処分を遡って行うことはできる。

81 正解チェック欄 1回目 ☐ 2回目 ☐ 3回目 ☐

1　×　誤り。臨時的任用職員は育児休業をすることができる職員から除かれているが，条件付採用職員は除かれていない（育児休業法2条①）。なお，会計年度任用職員の育児休業については，地方公務員の育児休業等に関する法律が適用される。

2　×　誤り。職員の子が3歳に達する日まで育児休業をすることができる（育児休業法2条①）。

3　×　誤り。産前の休業を開始した場合や出産した場合は，任命権者の承認の取消しは必要なく，育児休業の承認の効力は失われるものである（育児休業法5条①）。

4　○　正しい（育児休業法4条②，7条）。

5　×　誤り。1日の勤務時間のうち2時間を超えない範囲内の時間に勤務しないことを承認することができる（育児休業法19条①）。

> 正解　4

 82 正解チェック欄 1回目 ☐ 2回目 ☐ 3回目 ☐

1　×　誤り。処分の日から2年間は，当該地方公共団体の職員となることができないのは，懲戒免職処分の場合である（法16条Ⅱ）。分限免職処分の場合は，欠格条項に該当しない。

2　×　誤り。分限処分の効力は，任命権者の意思表示が相手方の知り得る状態におかれたときに発生する。職員が所在不明である場合に処分を行うときは，民法の公示送達の手続き等によることができる（行実昭30.9.9）。

3　○　正しい。分限処分は公務能率の観点から行う処分であり，懲戒処分と異なり，制裁としての意味はない。

4　×　誤り。分限処分は職員が法又は条例による一定の事由に該当しない限り，その意に反して不利益な処分を受けることがないという意味で，職員の身分保障としての意義を有する（法27条②）。

5　×　誤り。過去に遡って免職処分を行うことはできないとされる（行実昭27.9.30）。

> 正解　3

83 ★ 分限処分 ②意義，種類

分限処分についての記述として妥当なのは，次のどれか。

1 分限処分は，法律で定める事由による場合でなければ分限処分を受けることはないが，懲戒処分については，条例で定める事由によりその意に反して処分を受ける場合がある。

2 分限処分は，職員の一定の義務違反に対する道義的責任を問うことにより，地方公共団体の規律と公務遂行の秩序を維持するものである。

3 分限処分は，法律又は条例で定める事由による場合，職員の意に反して行われる処分で，降任，免職，停職及び降給の4種類がある。

4 分限処分は，職員が一定の事由によりその職責を果たせない場合，又は廃職若しくは過員が生じた場合に行われる，職員の意に反する処分である。

5 分限処分及び懲戒処分は，その目的を異にする処分であるから，同一の事由に基づいて，それぞれの処分を行うことはできない。

84 ★ 分限処分 ③手続き・事由

分限処分についての記述として妥当なのは，次のどれか。

1 職員の意に反する免職の手続き及び効果は，法律の定めがある場合を除くほか，条例で定めなければならないが，その意に反する降任の効果は規則で定めなければならない。

2 職員は，地方公務員法で定める事由による場合でなければその意に反して免職されず，条例で定める事由でなければその意に反して降任されることはない。

3 任命権者は，職員が心身の故障のため職務の遂行に支障がある場合においては，その意に反して，その職員を免職にできる。

4 任命権者は，その職に必要な適格性を欠く場合は，職員の意に反して休職にすることができるが，免職にすることはできない。

5 任命権者は，職員が刑事事件に関し起訴された場合には，その意に反して，これを降任又は免職にすることができる。

83 　　　正解チェック欄　　　| 1回目 □ | 2回目 □ | 3回目 □ |

1　×　誤り。分限処分を受けるのは，法律又は条例で定める事由による場合（法27条②）であり，懲戒処分は法律で定める事由による場合（法27条③）である。

2　×　誤り。分限処分は職員の道義的責任を問うものではなく，公務の能率の維持及び公務の適正な運営の確保にある。

3　×　誤り。分限処分の種類は，降任，免職，休職及び降給である（法27条②）。停職は懲戒処分である。

4　○　正しい。法28条1項，2項のとおり地方公務員法は分限処分をなし得る場合を限定し，かつ公正な取扱いを定めることにより職員の身分を保障している。

5　×　誤り。同一の事由又は事実に基づいて，分限処分と懲戒処分のいずれの処分を行うかは任命権者の裁量である。分限免職と懲戒免職以外は，一つの事実に基づき懲戒処分及び分限処分を併せて行うことも可能とされる（行実昭42.6.15）。

　　　　　　　　　　　　　　　　　　　　　　| 正　解　　4 |

 84 　　　正解チェック欄　　　| 1回目 □ | 2回目 □ | 3回目 □ |

1　×　誤り。職員の意に反する降任，免職，休職及び降給の手続き及び効果は，法律に特別の定めがある場合を除くほか，条例で定めなければならない（法28条③）。

2　×　誤り。この法律で定める事由による場合でなければその意に反して降任，免職されず，この法律又は条例で定める事由による場合でなければ，その意に反して休職され，又は降給されない（法27条②）。

3　○　正しい。任命権者は，職員が心身の故障のため職務の遂行に支障があり，又はこれに堪えない場合は，その意に反して職員を降任又は免職にできる（法28条①Ⅱ）。

4　×　誤り。設問は降任又は免職の事由である（法28条①Ⅲ）。ほかに，勤務実績がよくない場合，職制若しくは定数改廃又は予算の減少により廃職又は過員を生じた場合（法28条①Ⅰ，Ⅳ）がある。

5　×　誤り。設問は休職の事由である（法28条②Ⅱ）。ほかに，休職の事由として，心身の故障のため長期の休養を要する場合（法28条②Ⅰ）がある。

　　　　　　　　　　　　　　　　　　　　　　| 正　解　　3 |

85 ★ 分限処分 ④事由

分限処分についての記述として妥当なのは，次のどれか。

1 任命権者は，職員が心身の故障のため長期の休養を要する場合には，職員の意に反してこれを降任し又は免職にすることができる。

2 任命権者は，同一事由について，分限処分と懲戒処分を併せて行うことは可能であり，休職と降任の二つの分限処分を併せて行うことも可能である。

3 任命権者は，職員が地方公務員法又はこれに基づく条例に違反した場合においては，その意に反しその職員の給料を降給にすることができる。

4 職員が禁錮以上の刑に処せられた場合，任命権者が当該職員に対し分限免職するまでの間は，当該職員は職員たる身分を保有するので，任命権者は直ちに分限免職にしなければならない。

5 職員が，人事評価又は勤務の状況を示す事実に照らして，勤務実績がよくない場合においては，その意に反して任命権者はその職員の給料を降給にすることができる。

86 ★ 分限処分 ⑤事由

分限処分に関する記述として妥当なのは，次のどれか。

1 任命権者は，職制若しくは定数の改廃又は予算の減少に基づく廃職又は過員により職員を分限免職とした場合の当該職員の復職について，他の採用と異なる事項を定めることが一切できない。

2 任命権者は，職員がその採用以前から起訴されている事実があり，採用後にそれが判明した場合であっても，当該職員に対し休職処分を行うことができる。

3 任命権者は，職員が公務上負傷し，又は疾病にかかり，療養のために休養する期間は，当該職員を分限免職することが一切できない。

4 任命権者は，分限処分を行う場合，職員に処分の事由を記載した説明書を交付しなければならず，その交付がなされなければ，当該処分の効力が発生しない。

5 任命権者は，職員が心身の故障のため長期の休養を要するとき，当該職員を分限処分として降任することができる。

88

85 正解チェック欄 1回目 2回目 3回目

1 × 誤り。職員が，心身の故障のため，長期の休養を要する場合はその意に反して，休職にすることができる（法28条②Ⅰ）。

2 ○ 正しい。1つの事実に基づき懲戒処分及び分限処分を併せて行うことも可能とされる（行実昭42.6.15）。分限休職と分限降任の2つの分限処分を併せて行うことも可能とされる（行実昭43.3.9）。

3 × 誤り。設問は降給の事由ではない。地方公務員法若しくは同法57条に規定する特例を定めた法律又はこれに基づく条例，地方公共団体の規則等に違反した場合は，懲戒処分の対象となる（法29条①Ⅰ）。

4 × 誤り。職員が禁錮以上の刑に処せられた場合は，欠格条項であり（法16条Ⅰ），免職処分を待つまでもなく，当然に失職する（法28条④）。

5 × 誤り。職員が，人事評価又は勤務の状況を示す事実に照らして，勤務実績がよくない場合は，その意に反して降任又は免職にすることができる（法28条①Ⅰ）。　正解　2

86 正解チェック欄 1回目 2回目 3回目

1 × 誤り。法17条の2・3項のとおり復職する場合の資格要件等必要な事項を定めることができる。

2 ○ 正しい。職員が採用される以前に刑事事件に関し起訴されており，任命権者が採用後に起訴の事実を知った場合でも休職処分にできる（行実昭37.6.14）。

3 × 誤り。労働基準法による分限免職処分の制限を受けるが（法58条③，労基法19条）例外が認められている（同法19条①ただし書）ので一切できないわけではない。

4 × 誤り。任命権者は職員に対し不利益な処分を行う場合は役職定年制に伴う他の職への降任等をする場合を除き，説明書を交付しなければならないが（法49条①），説明書の交付のけん欠は処分の効力に影響がない（行実昭39.4.15）。

5 × 誤り。設問の場合は，休職事由である（法28条②Ⅰ）。　正解　2

○87 ★★★ 分限処分 ⑥効果

分限処分についての記述として妥当なのは，次のどれか。

1　分限免職処分は，任命権者の意思にかかわりなく，職員が法定の条項に該当したことをもって，法律上当然に職員としての身分を失わせるものである。

2　降任処分は，職員の任命方法の一種だが，職員をその意に反して上位の職から下位の職へ降ろすことで当該職員に不利益を与えるため，分限処分とされている。

3　職員の意に反する休職は，職を保有させたまま一定期間職務に従事させない処分であるので，休職者を当該地方公共団体の職員定数の定数外とすることはできない。

4　降給とは，一定期間職員の給料の一定割合を減額し，その期間が満了すれば，元の給料額に復する処分である。

5　定数の改廃により過員を生じた場合に，職員の健康状態及び勤務成績を基準に，任命権者の裁量により分限免職の対象者を選定するのは，公正の原則に反し違法である。

○88 ★★ 分限処分 ⑦効果

地方公務員の分限処分についての記述として妥当なのは，次のどれか。

1　公立大学の学長及び教員については，都道府県教育委員会の内申に基づき，任命権者がその意に反して降任又は免職を行う。

2　降任に伴い給料が下がることや，職務と責任の変更により給料が下がる場合も，降給処分に該当する。

3　降給とは，現に決定されている職員の給料の額よりも，低い給料の額に決定する処分をいう。

4　休職には，地方公務員法上，刑事事件に関し起訴された場合の起訴休職と，職員の出願に基づく場合の依願休職の2種類がある。

5　分限処分の降給の事由は，地方公務員法で定める場合によるとされ，地方公共団体の条例で定めることはできない。

90

87 正解チェック欄　1回目□　2回目□　3回目□

1　×　誤り。設問は失職についての説明である。分限免職は，処分であり任命権者の意思に基づいて行われるものである。

2　○　正しい。降任は，職員を法令，条例，規則その他の規定により公の名称が与えられている職で，現在任用されている職より下位の職へ任命する処分である。職員の同意を得るときは，法17条1項（任命の方法）に基づく降任として行うことができる。

3　×　誤り。休職者は，当該地方公共団体の職員の定数外として取り扱うことはできる（行実昭27.2.23）。

4　×　誤り。設問は，懲戒処分の減給の説明である。降給は，職員が現に決定されている給料額よりも，低額の給料額に決定する処分である。

5　×　誤り。具体的に何人を免職処分の対象とするかについては，法的には平等取扱いの原則，分限処分の公正の原則等に抵触しない限りは任命権者の裁量を許すものであり，その範囲では当，不当の問題は別として違法の問題は生じないとされる（行実昭27.5.12）。

正　解　2

88 正解チェック欄　1回目□　2回目□　3回目□

1　×　誤り。公立大学の学長及び教員については，教育公務員特例法5条1項により，地方公共団体が定める学長その他で構成される評議会の審査に基づき，その意に反して降任又は免職を行う。

2　×　誤り。降任に伴い給料が下がることは降給ではない（行実昭28.2.23）。教員が一般事務職に転任する場合において，職務と責任の変更により給料が下がる場合も，降給には該当しない（行実昭28.10.6）。

3　○　正しい。降給は，給料の決定額自体を変更する処分である。

4　×　誤り。依願休職については，地方公務員法上規定はない。休職の法定事由は，心身の故障のため長期の休養を要する場合と刑事事件に関し起訴された場合（法28条②各号）である。ほかに，条例で定める事由（法27条②）がある。なお，行政実例（昭38.10.29）では依願休職は認められない，としている。

5　×　誤り。降給の事由は，地方公務員法又は地方公共団体の条例で定める事由による（法27条②）。

正　解　3

⊙89 ★ 分限処分 ⑧効果

分限処分についての記述として妥当なのは，次のどれか。

1　任命権者は，職員が心身の故障のため職務の遂行に支障がある場合に分限処分として降任にすることができるが，この場合には本人の同意が必要である。

2　休職の処分事由に該当する職員を，休職にするか否かは本来任命権者の自由裁量であるが，刑事事件に関し起訴された場合は，任命権者は，処分を付さなければならない。

3　任命権者は，定数の改廃又は予算の減少により過員を生じた場合，休職期間満了後の復職発令を条件として職員を休職とすることができる。

4　任命権者は，条件付採用期間中の職員が勤務実績のよくない場合は，分限免職処分をすることができる。

5　任命権者は，職員が心身の故障のため長期の休養を要する場合，刑事事件に関し起訴された場合，及び条例で定める休職事由に該当する場合に限り当該職員を休職にすることができる。

⊙90 ★★ 分限処分 ⑨休職

分限処分についての記述として妥当なのは，次のどれか。

1　任命権者は，職員が心身の故障のため長期の休養を要する場合は，職員を休職にすることができるが，休職中の職員は職員としての身分と職を保有する。

2　任命権者は，職員が禁錮以上の刑に処せられた場合においては，その意に反して職員を分限休職にすることができる。

3　任命権者は，職員本人の願い出による休職を分限処分として発令できるが，この場合には，休業期間中いかなる給与も支給してはならない。

4　職員の意に反する休職の効果は，地方公務員法に特別の定めがある場合を除くほか，規則で定めなければならないが，任命権者は裁量により休職中の職員に対して給与を支給することができる。

5　職員団体の在籍専従職員は，専従期間中は休職となっており任命権者は，当該職員が刑事事件で起訴された場合には分限処分としての休職処分を行うことはできない。

89 　　**正解チェック欄**　　 | 1回目 | | 2回目 | | 3回目 | |

1　×　誤り。分限処分は職員の意に反する処分であり，本人の同意は不要である。

2　×　誤り。休職の処分事由に該当する場合でも，刑事事件に関し起訴された場合でも，当該職員を休職にするか否かは任命権者の裁量である。

3　×　誤り。設問の事由による場合の処分は休職ではなく，降任又は免職に該当する（法28条①Ⅳ）。

4　×　誤り。条件付採用期間中の職員と臨時的任用職員には，分限処分の規定が適用されない（法29条の2①）ので，一般原則に戻り，労働基準法に則り免職できる。

5　○　正しい。設問の前段は法28条2項1号，2号の規定のとおり，後段は，法27条2項の規定のとおりである。

　　　　　　　　　　　　　　　　　　　　　正　解　　5

 90 　　**正解チェック欄**　　 | 1回目 | | 2回目 | | 3回目 | |

1　○　正しい。休職とは，職を保有したまま職員を一定期間職務に従事させない処分のことである。

2　×　誤り。職員が禁錮以上の刑に処せられ，その執行を終わるまで又はその執行を受けることがなくなるまでの者は，職員になることはできない（法16条Ⅰ，28条④）。休職ではなく，失職する。

3　×　誤り。職員の意に反しない依願休職は分限処分ではない。休職は法27条2項（条例で定める事由）又は28条2項各号（法定の事由）の場合に限られ，本人の依願による休職を命ずることはできないとされる（行実昭38.10.29）。

4　×　誤り。職員の意に反する休職の手続き及び効果は法律の特別の定めがある場合を除く外，条例で定めなければならない（法28条③）。このため，休職中の職員の給与も条例で定めることになる。

5　×　誤り。在籍専従職員（職員としての身分を有しながら専ら職員団体の活動に従事する職員）が起訴されたときでも，休職処分を行うことができる（行実昭38.9.20）。

　　　　　　　　　　　　　　　　　　　　　正　解　　1

◉Q91 ★分限処分 ⑩特例

分限処分についての記述として妥当なのは，次のどれか。
1　任命権者は，条件付採用期間中の職員が刑事事件に関し起訴された場合，この職員を地方公務員法の規定に基づいて休職できる。
2　任命権者は，臨時的任用職員の勤務実績がよくない場合，この職員を地方公務員法の規定に基づいて，免職することができる。
3　条件付採用期間中の職員や臨時的任用職員には，正式任用の職員のような分限に関する規定は適用されないが，これらの職員に対して条例で分限処分を定めることはできる。
4　区市町村学校の県費負担教職員の分限処分は，市町村の教育委員会の内申に基づき，区市町村の教育長が行う。
5　職員は原則として，労働基準法の規定の適用を受けるので，30日前までに解雇の予告をすることなく，職員を分限免職としても，この処分は無効である。

◉Q92 ★分限処分 ⑪失職と休職

地方公務員法に定める失職と休職についての記述として妥当なのは，次のどれか。
1　職員が，刑事事件に関し禁錮刑に処せられたときは，それが実刑でなく刑の執行を猶予された場合でも，当該職員は判決確定の日をもって失職する。
2　職員が，心身の故障のため休職処分を受けその期間満了の日に，なお休職事由が消滅していない場合，当該職員はその期間満了の日をもって失職する。
3　刑事事件に関し起訴されたため休職を命じられた職員の休職中に，当該職員から自発的に退職の願出があった場合には，復職を命じなければ退職させることはできない。
4　職員が，刑事事件に関し起訴された場合，任命権者の処分を待つまでもなく当然にその職を失う。
5　職員が，欠格条項に該当した場合，その者を失職しない旨を条例で定めることはできない。

91 　　　**正解チェック欄**　　　1回目□ 2回目□ 3回目□

1　×　誤り。条件付採用期間中の職員には分限に関する地方公務員法の規定は適用されない（法29条の2①）。

2　×　誤り。臨時的任用職員には分限に関する地方公務員法の規定は適用されない（法29条の2①）。

3　○　正しい。これらの職員の分限については条例で必要な事項を定めることができる（法29条の2②）。

4　×　誤り。県費負担教職員に対する分限処分は，任命権者である都道府県教育委員会が行うこととされているので，分限処分を行う場合は，区市町村の教育委員会の教育長の助言に基づく同委員会の内申によって，都道府県教育委員会が行う（地教行法38条）。

5　×　誤り。職員を免職する場合は，原則として少なくとも30日前に解雇予告しなければならず，解雇予告しない場合には30日分以上の平均賃金を支払わなければならない（労基法20条①）。解雇予告することなく分限免職を行っても無効とはならない。

正解　3

 92 　　　**正解チェック欄**　　　1回目□ 2回目□ 3回目□

1　○　正しい。職員は法16条各号（2号を除く）のいずれかに該当したときは，条例に特別の定めがある場合を除くほか，その職を失う（法28条④）。職員が禁錮以上の刑に処せられ，その執行を終わるまで又はその執行を受けることがなくなるまでの者が，欠格条項に該当（法16条Ⅰ）し，失職する。

2　×　誤り。休職の期間が満了した場合には，当然に復職する。この場合において，職員が分限免職事由に該当するときは，その意に反して免職にすることができる（行実昭26.8.21）。

3　×　誤り。設問の場合，復職を命ずることなく休職のまま退職させてさしつかえないとされる（行実昭27.10.24）。

4　×　誤り。設問は，失職の事由ではなく，休職の事由（法28条②Ⅱ）である。

5　×　誤り。法16条において，欠格条項に該当する者は，条例に特別の定めがある場合を除くほか，職員となることができない。なお，条例に定める適用除外規定は，失職しない特例規定であり欠格条項の追加ではない。

正解　1

93 ★ 分限処分 ⑫失職と休職

　地方公務員法に定める失職と休職についての記述として妥当なのは，次のどれか。

1　職員が休職を希望し，任命権者がその必要を認めて休職処分をしても，職員の意に基づく休職の規定はないため，その休職処分は無効であるというのが最高裁の判例である。

2　職員が採用前に，禁錮以上の刑に処せられ執行猶予期間中であることを任命権者が採用後に知った場合は，その職員は法律上当然に職を失うので，当該職員の行った職務上の行為は無効になる。

3　職員が，欠格条項に該当して職を失うことは，本人に不利益となる身分上の変動をもたらすものであり，分限処分に該当する。

4　心身の故障による休職の場合，休職期間満了時に自動的に退職となる旨を条例で規定することはできる。

5　休職は任命権者によってなされる職員の意に反する処分であり，処分辞令とともに不利益処分に関する説明書の交付が必要とされるが，失職については法律上当然に職を失うものであり，別段の通知を必要としない。

94 ★ 懲戒処分 ①意義，種類

　懲戒処分についての記述として妥当なの次のどれか。

1　懲戒処分の種類については，地方公務員法上，戒告，減給，停職及び免職の4種類が定められているが，地方公共団体の条例によりこれ以外の懲戒処分を創設することもできる。

2　懲戒処分は，職員の一定の義務違反に対する道義的責任を問うことにより，公務における規律と秩序を維持することを目的とする処分である。

3　任命権者は，職員が職務上の義務に違反し又は職務を怠った場合，及び全体の奉仕者たるにふさわしくない非行のあった場合に限り，懲戒処分を行うことができる。

4　任命権者は，条件付採用職員については懲戒処分を行うことはできるが，臨時的任用職員については懲戒処分を行うことはできない。

5　任命権者は，地方公営企業の職員及び単純労務職員については，懲戒処分を行うことはできない。

93　　正解チェック欄　　<small>1回目</small>□ <small>2回目</small>□ <small>3回目</small>□

1　×　誤り。判例は，休職は法28条2項各号の場合以外は，本来法律の予想するところではないが，職員本人が休職を希望し任命権者がその必要を認めて行った依願休職処分は，あえて無効としなければならないものではない（最判昭35.7.26）としている。

2　×　誤り。欠格条項の該当者の採用は無効となるが，この間のその者が行った職務上の行為は事実上の公務員の行為として有効とされる（行実昭41.3.31）。

3　×　誤り。失職は一定の事由により当然に職員としての身分を失うものであり，任命権者による処分ではない。

4　×　誤り。休職期間を満了したが，休職の事由の消滅しない者を免職にするというような規定は，条例で定めることはできない（行実昭26.8.21）。

5　○　正しい。休職は任命権者によってなされる処分であり，処分辞令とともに不利益処分に関する説明書の交付が必要とされるが，失職事由が発生したときは直ちに離職することになり，また，処分ではないので別段通知を要件としない。　　　正解　5

94　　正解チェック欄　　<small>1回目</small>□ <small>2回目</small>□ <small>3回目</small>□

1　×　誤り。前段は正しいが後段が誤り。職員は，地方公務員法で定める事由による場合でなければ，懲戒処分を受けることがない（法27条③）とされ，条例で懲戒処分を創設することはできない。

2　○　正しい。懲戒処分は，主として職員の行為の道義的責任を追及するものである。

3　×　誤り。設問の事由のほか，地方公務員法若しくは同法57条に規定する特例を定めた法律（教職員，単純労務職員，企業職員等が対象）又はこれらに基づく条例，地方公共団体の規則等に違反した場合も懲戒処分を行うことができる（法29条①Ⅰ）。

4　×　誤り。条件付採用職員及び臨時的任用職員についても，懲戒処分を行うことはできる。適用除外となるのは分限処分（法29条の2①）である。

5　×　誤り。設問のような適用除外の規定はない。戒告，減給，停職及び免職処分を行うことも可能である。

正解　2

Q95 ★ 懲戒処分 ②対象，手続き

懲戒処分についての記述として妥当なのは，次のどれか。

1　同一地方公共団体で任命権者を異にする異動があった場合，任命権者はその職員の前任部局における義務違反について，懲戒処分を行うことはできない。

2　職員に対して送付した懲戒処分書の氏名が誤記されていたことが判明した場合，その懲戒処分は無効となる。

3　任命権者は，職員に懲戒処分を行うに当たっては，当該職員の請求がなくとも不利益処分に関する説明書を処分辞令書と同時に交付しなければならず，この説明書の交付を欠く懲戒処分は無効である。

4　職員が，職務上の義務に違反し重大なる過失により公共施設に相当の損害を与えた場合は，懲戒処分を行うことができ，地方自治法に基づきその施設に与えた損害賠償も行わせることができる。

5　懲戒処分の取消しは，正当な権限を有する機関，すなわち人事委員会若しくは公平委員会の判定又は裁判所の判決によって行う必要があるが，懲戒処分の撤回は任命権者が任意に行うことができる。

Q96 ★★ 懲戒処分 ③手続き

懲戒処分についての記述として妥当なのは，次のどれか。

1　職員の懲戒の手続き及び効果は，法律に特別の定めがある場合を除くほか，条例で定めなければならないが，その条例が定められていない場合には，任命権者は懲戒処分を行うことができない。

2　任命権者は，収賄容疑で起訴された職員に対しては懲戒処分を行わなければならないが，この職員についてその後無罪が確定したときは，その処分を分限処分に変更しなければならない。

3　任命権者が職員に対して懲戒処分を行う場合，事由は地方公務員法に定められ，その手続き及び効果は条例で定められており，任命権者はどのような懲戒処分を行うかの裁量権を有しない。

4　一般の刑罰の場合は情状により執行猶予とされる場合があるが，任命権者は，懲戒処分の場合，情状で執行猶予することのできる規定を条例で定めることができる。

5　任命権者は，職員が異なる地方公共団体の職を兼務している場合，それぞれ独自の立場で懲戒処分を行うことができるが，一方の任命権者の懲戒処分は他方の任命権者を拘束する。

98

95 　　　　**正解チェック欄**　　　1回目□　2回目□　3回目□

1　×　誤り。同一地方公共団体で任命権者を異にする異動があった職員については，同一の特別権力関係に属しているので，新任命権者は，その職員の前任部局における行為で懲戒処分の事由に該当するものについて懲戒処分ができる。

2　×　誤り。懲戒処分の，処分辞令書の「職名」や「氏名」の誤記があった場合は，処分の効力に影響はない（行実昭45.3.28）。

3　×　誤り。懲戒処分を行うには不利益処分に関する説明書を交付しなければならない（法49条）が，この交付は行政不服審査法に基づく教示としての意味にとどまり，処分の効力に影響を及ぼさない。

4　○　正しい。設問の事由で懲戒処分を行った職員に，さらに当局側に与えた損害について，民法又は地方自治法上の損害賠償を行わせることができる（行実昭29.4.15）。

5　×　誤り。懲戒処分は，1回限りで完結する行政行為であり，処分権者といえども任意に取り消し，又は撤回することはできない。

|正　解　　4|

96 　　　　**正解チェック欄**　　　1回目□　2回目□　3回目□

1　○　正しい。法29条4項の規定に基づく条例が制定されていない場合には，懲戒処分を行うことができない（行実昭37.2.6）。

2　×　誤り。起訴された職員を懲戒処分に付すかどうかは任命権者の裁量であり，また，無罪が確定したとき，その処分を分限処分に変更しなければならないものではない。

3　×　誤り。懲戒処分を行うか，いずれの懲戒処分を行うかは社会観念上妥当を欠き裁量の範囲を超えると認められる場合を除き，任命権者の裁量に任されている（最判昭32.5.10）。

4　×　誤り。懲戒処分の種類は法律で定められており（法29条①），条例で懲戒処分の執行猶予を定めることはできない（行実昭27.11.18）。

5　×　誤り。異なる地方公共団体の処分は，他の地方公共団体の任命権者を拘束しない。

|正　解　　1|

🅠97 ★★ 懲戒処分 ④手続き

懲戒処分についての記述として妥当なのは，次のどれか。

1　任命権者は，同一の職員に数個の義務違反がある場合，その個々の義務違反について別個の懲戒処分をすることはできず，その全体を勘案して一つの懲戒処分をしなければならない。

2　任命権者は，職員の義務違反に対し，戒告，減給，停職，及び免職のいずれかの処分を行うことができるが，一つの義務違反に対して2種類以上の懲戒処分を併課することができない。

3　任命権者は，職員に対して懲戒処分を行う場合には処分辞令書の交付を要するが，不利益処分に関する説明書の交付は必要としない。

4　懲戒処分の行使は，任命権者の裁量的な判断に任されており，任命権者はいったん職員に対して行った懲戒処分であっても，その職員に利益がある場合は当該懲戒処分を撤回することができる。

5　任命権者は，特別の事情がない限り職員の懲戒処分の事由に当たる事実を知ったときから5年を超えた場合は，その職員に対し当該事実に基づいて懲戒処分を行うことはできない。

🅠98 ★★ 懲戒処分 ⑤手続き

懲戒処分に関する記述として妥当なのは，次のどれか。

1　刑事事件の取調べ中に処分保留になった職員に対して，取調べが完了し，その処分の決定が明らかになるまでは懲戒処分を行うことができない。

2　定年前再任用短時間勤務職員に採用された職員に対し，定年退職者となった日までの引き続く職員としての在職期間に，職務上の義務に違反したことを理由として，懲戒処分を行うことは一切できない。

3　二重給与禁止の規定により何らの給与の支給を受けることなく兼務している職の執行に関して懲戒処分を行う場合に，減給処分として本務に対する給与を減額することができる。

4　懲戒処分を受けた職員が，一定期間職務に精励した場合に，条例でその処分そのものを消滅させるという規定を設けることができる。

5　一つの事件につき職員を懲戒処分する場合，最初の1か月を停職処分とし，その後の2か月を減給処分とすることができる。

97 | 正解チェック欄 | 1回目 ☐ | 2回目 ☐ | 3回目 ☐

1　×　誤り。懲戒処分は通常職員の個々の義務違反に基づいて行われるが，同一職員の数個の義務違反について，その個々の義務違反について別個の懲戒処分を行うことも，その全体を勘案して1個の懲戒処分行うことも可能である。

2　○　正しい。懲戒処分の選択について，1個の義務違反に対して2種類以上の懲戒処分を併課することはできない（行実昭29.4.15）。

3　×　誤り。任命権者は，職員に対し懲戒その他意に反する不利益な処分を行う場合は，役職定年制に伴う他の職への降任等をする場合を除き，処分の事由を記した説明書を交付しなければならない（法49条①）。

4　×　誤り。任命権者が懲戒処分の取消しを行い得るのは，懲戒処分の成立において瑕疵があった場合に限られる。適法かつ有効に成立した行政処分は，処分庁といえど原則として自由に取消し，撤回はできない。人事委員会若しくは公平委員会の裁決，決定又は裁判所の判決によってのみ取り消すことができる。

5　×　誤り。懲戒処分の期限の定めはないので，任命権者は，事実を知ったときはその職員に対して懲戒処分ができる。　正解　2

98 | 正解チェック欄 | 1回目 ☐ | 2回目 ☐ | 3回目 ☐

1　×　誤り。事件が取調中に処分保留になった公務員に対して懲戒処分に付すことはさしつかえない。また，事件の取調べが完了しそれぞれの処分の決定が明らかになるまで待つ必要はない（行実昭26.12.20）とされ，取調中でも懲戒処分を行うことができる。

2　×　誤り。定年前再任用短時間勤務職員に採用された職員に対し在職期間中の行為に基づき懲戒処分を行うことができる（法29条③）。

3　○　正しい。給与の支給を受けることなく兼務している職に関しても減給処分を行い得るとされる（行実昭31.3.20）。

4　×　誤り。懲戒処分の手続き及び効果は，法律に特別の定めがある場合を除くほか条例で定めなければならない（法29条④）が，条例で懲戒処分を消滅させることはできない（行実昭26.8.27）。

5　×　誤り。1つの事件につき停職処分と減給処分をあわせて適用することはできない（行実昭29.4.15）。

正解　3

Q99 ★ 懲戒処分 ⑥事由

　地方公務員法に定める職員に対する懲戒の事由として妥当なのは，次のどれか。
1　人事評価又は勤務の状態を示す事実に照らして，勤務実績がよくない場合。
2　公務員の職に必要な適格性を欠く場合。
3　刑事事件に関し起訴された場合。
4　刑事事件に関し禁錮刑に処せられた場合。
5　全体の奉仕者たるにふさわしくない非行のあった場合。

Q100 ★★ 懲戒処分 ⑦事由

　懲戒処分についての記述として妥当なのは，次のどれか。
1　任命権者は，条件付採用職員について懲戒事由があったとき，その期間中は懲戒処分を行うことはできないが，当該職員が正式採用となったときには，先の事由について懲戒処分を行うことができる。
2　任命権者の許可を受けて，登録団体の業務にもっぱら従事するため無給休職とされている職員は，公務に従事せずいかなる給与も支給されないので，この職員に対する懲戒処分は行うことができない。
3　懲戒処分の事由は法律に規定するものに限られるから，地方公共団体の規則や規程の違反を理由として，職員を懲戒処分することはできない。
4　懲戒処分の事由の一つとして，禁錮以上の刑が確定した場合が法定されているが，事件が裁判所に係属している間はその事件につき懲戒処分を行うことはできない。
5　甲市の職員として懲戒免職処分を受け2年を経過しない者であっても，乙市の職員として採用される場合には，地方公務員法上の欠格条項に該当しない。

99 　　　**正解チェック欄**　　　| 1回目 | | 2回目 | | 3回目 | |

1　×　誤り。勤務実績がよくない場合は，分限処分としての降任又は免職の事由である（法28条①Ⅰ）。

2　×　誤り。公務員の職に必要な適格性を欠く場合は，分限処分としての降任又は免職の事由である（法28条①Ⅲ）。

3　×　誤り。刑事事件に関し起訴された場合は，分限処分としての休職の事由である（法28条②Ⅱ）。

4　×　誤り。刑事事件に関し禁錮以上の刑に処せられ，その執行を終わるまで又はその執行を受けなくなるまでの者は，欠格条項に該当するので，条例に特別の定めがある場合を除く外，その職を失う（法16条Ⅰ，28条④）。

5　○　正しい（法29条①Ⅲ）。懲戒処分の法定事由は次の３つである（法29条①各号）。①地方公務員法若しくは同法57条に規定する特例を定めた法律又はこれらに基づく条例，地方公共団体の規則若しくは地方公共団体の機関の定める規程に違反した場合。②職務上の義務に違反し，又は職務を怠った場合。③全体の奉仕者たるにふさわしくない非行があった場合。　　　　　　| 正　解　　5 |

 100 　　　**正解チェック欄**　　　| 1回目 | | 2回目 | | 3回目 | |

1　×　誤り。条件付採用職員に対しても懲戒処分を行うことはできる。適用除外となるのは分限処分である（法29条の2①）。

2　×　誤り。在籍専従職員や休職中の職員など，職務に従事していない職員が地方公務員法の服務に関する規定，例えば，政治的行為の制限や争議行為の禁止にふれたときは，法令違反に該当（法29条①Ⅰ）し，懲戒処分は可能である。

3　×　誤り。地方公共団体の規則又は規程に違反した場合も懲戒処分を行うことができる（法29条①Ⅰ）。

4　×　誤り。禁錮以上の刑が確定した場合は，失職の事由（法16条Ⅰ，28条④）である。また，刑事事件の裁判の係属中でも懲戒処分をすることはできる（行実昭28.8.21）。

5　○　正しい。当該処分を受けた地方公共団体以外の地方公共団体の職員となるのは，差し支えないとされる（行実昭26.2.1）。　　　| 正　解　　5 |

🅿101 ★ 懲戒処分 ⑧効果

懲戒処分についての記述として妥当なのは，次のどれか。

1 懲戒処分は，既に退職した者であっても在職中に重大な懲戒処分の事由があった場合には，任命権者はその者に対し退職した日以前に遡って懲戒免職処分を行うことができる。

2 懲戒処分のうち停職は，職員を職務に従事させないことを目的とするものであるから，給料を支給することは可能である。

3 減給処分については，その減額率を1回の額が平均賃金の1日分の半額を超え，総額が一賃金支払期における賃金の総額の10分の1を超えてはならない。

4 訓告処分は，職員の規律違反の責任を確認するとともに，将来の行為を戒める処分であるが，懲戒処分でない戒告処分については制裁的実質を備えていない限りは可能とされる。

5 職員は懲戒処分により免職された場合，地方公務員等共済組合法に基づく長期給付について支給が制限され，また，処分の日から一定の期間はその地方公共団体の職員となることはできない。

🅿102 ★★ 懲戒処分 ⑨効果

懲戒処分についての記述として妥当なのは，次のどれか。

1 職員に対する分限免職処分が行われた後になって，その職員の免職前に懲戒免職事由に該当する事実があったことが判明した場合，任命権者は分限免職処分を取り消し，遡って懲戒免職を行うことができる。

2 停職処分を受けた職員は，その期間中は具体的な職務を保有するものではなく，職員としての地位もその期間中保有しない。

3 分限処分の降給は，職員の給料そのものを変更する処分であるが，懲戒処分としての減給処分を受けた場合には，減給期間が終了すればもとの給料に復する。

4 任命権者は，職員に対して行った懲戒処分がその裁量において軽きに失したことを理由としてこれを取り消すことができ，この場合同一の義務違反について改めて懲戒処分をすることができる。

5 職員に対する訓告処分は，懲戒処分の一種として取消訴訟の対象とすることができる。

101 正解チェック欄 | 1回目 | 2回目 | 3回目 |

1　×　誤り。既に退職した職員については，懲戒免職を行うことはできない（行実昭26.5.15）。

2　×　誤り。停職は，職員を懲罰として職務に従事させない処分である。停職期間中は，いかなる給与も支給されず，退職手当の計算の基礎となる期間からは除算される。

3　×　誤り。職員のうち，企業職員と単純労務職員は労働基準法91条の規定が適用され，設問のとおり（法57条，地公労法附則⑤，地公企法39条①）だが，他の職員は適用されない（法58条③）。

4　×　誤り。訓告と戒告の説明が逆である。戒告は職員の服務義務違反の責任を確認するとともに，職員の将来の行為を戒める処分である。また，懲戒処分ではないが職務上の義務に違反した場合，職員の将来の行為を戒める行為として訓告の措置がとられることがある。

5　○　正しい。地方公務員等共済組合法により，長期給付の支給が制限される。法16条２号により，懲戒処分の日から２年間は，当該地方公共団体の職員となることはできない。

正　解　5

 102 正解チェック欄 | 1回目 | 2回目 | 3回目 |

1　×　誤り。懲戒免職の場合，日付を遡って発令することはできない（行実昭29.5.6）。また，一度効力の発生した行政処分は，処分権者は原則として取消しできない。

2　×　誤り。停職期間中は職務に従事しないが，具体的な職務を保有し，職員としての地位も継続している。

3　○　正しい。減給は，職員の給料を一定期間，一定額を減額する処分である。減給期間が終了すれば，当然に減給前の給料額に復することになる。

4　×　誤り。懲戒処分のように１回限りで完結する行政行為は処分権者といえど取り消すことはできない。

5　×　誤り。訓告は懲戒処分ではなく，実質的な制裁は伴わず本人の将来を戒める事実上の行為であり，職員の法律上の地位に影響を及ぼさないから，取消訴訟の対象とならない。

正　解　3

ⓠ103 ★ 懲戒処分 ⑩効果

懲戒処分についての記述として妥当なのは，次のどれか。

1 職員は，原則として労働基準法の規定の適用を受けるので，30日前までに解雇の予告をすることなく，かつ30日分以上の平均賃金を支払わずに懲戒免職したとしてもこの免職処分は無効である。

2 給与の支給を受けることなく兼務している職に関し，懲戒の事由に該当した場合は，本務に対する給与について減給処分することができない。

3 依願免職の後に，在職中の非行が発覚した場合，依願免職の承認を取り消し，懲戒免職に変更することができる。

4 戒告処分は，懲戒処分中最も軽い処分であり，他の懲戒処分のように給与上等の不利益な効果は特段ないものである。

5 懲戒処分は，地方公務員法上の4種類に限定され，これ以外の懲戒処分はできないが，制裁的実質をそなえないものであれば，訓告などの措置を講じることはできる。

ⓠ104 ★★ 懲戒処分 ⑪一事不再議の原則

懲戒処分と一事不再議に関する記述として妥当なのは，次のどれか。

1 任命権者は，職員に対して行った懲戒処分が軽すぎることを理由に，その処分を取り消すことができ，同一の義務違反について改めて懲戒処分を行うことができる。

2 任命権者は，原則として時効の制約を受けずに懲戒処分を行うことができるが，一度懲戒処分を行った非違行為については，重ねて同一職員に対して懲戒処分を行うことはできない。

3 人事委員会が，判定により任命権者の行った懲戒処分を取り消した場合，任命権者は当該懲戒処分を行った日から，その判定日までの当該職員の非行に対しては，懲戒処分を行うことはできない。

4 適法かつ有効に行われた懲戒処分は，人事委員会の判定によって取り消すことができるが，処分権者もこれを取り消すことができる。

5 任命権者は，職員に対して懲戒処分を行う場合は不利益処分に関する説明書の交付を行わなければならず，また，発令の日付を遡って懲戒処分を行うことができる。

🅰103　正解チェック欄

1　×　誤り。懲戒免職の場合は，労働基準法20条1項ただし書の「労働者の責に帰すべき事由に基いて解雇する場合」に該当するので，行政官庁の認定を受ければ解雇予告は不要である。

2　×　誤り。何らの給与を受けない兼務職の執行に関し懲戒処分を行う場合，本務に対する給与について減給処分を行うことができる（行実昭31.3.20）。

3　×　誤り。在職中の非行が依願免職後に発覚しても，その故をもって依願免職処分を変更できない（行実昭26.11.16）。

4　×　誤り。戒告処分は懲戒処分中で最も軽い処分であり，他の懲戒処分のように実質的効果を伴うものではないが，戒告処分によって勤務成績不良として，昇給延伸の対象となったり勤勉手当が調整されるなど，間接的な効果は伴う。

5　○　正しい。訓告は懲戒処分としての制裁的実質をそなえないものである限り，可能とされる（行実昭34.2.19）。

正解　5

🅰104　正解チェック欄

1　×　誤り。一度有効に懲戒処分がなされた事実について，重ねて懲戒処分を行うことは，職員の利益のために認められない。

2　○　正しい。一度決定した事項は，再度審議，決定することが許されない（一事不再議の原則）。職員の責任を問うものであり，同一の事由について，行政上の責任追及は1回でなければならない。

3　×　誤り。懲戒処分を取り消す判定があった後に，当該処分を行った日から，当該判定の時までにおける職員の非行が，懲戒処分の事由に該当する場合は，任命権者は当該職員を懲戒処分にできる（行実昭27.9.20）。

4　×　誤り。人事委員会若しくは公平委員会の判定又は裁判所の判決によってのみ取り消すことができる。任命権者が取り消し得るのは，懲戒処分の成立において瑕疵があった場合である。

5　×　誤り。職員に対して懲戒処分を行う場合は処分事由を記した説明書を交付しなけれらない（法49条①）。不利益処分については遡及（行為の始めに遡る）し処分を行ってはならない。

正解　2

◯105 ★ 懲戒処分 ⑫失職等

失職等についての記述として妥当なのは，次のどれか。

1　職員が，全体の奉仕者たるにふさわしくない非行を行ったことが明らかになった場合は，当該職員はそれが明らかになった日をもって失職する。

2　職員が刑事事件に関し懲役刑に処せられたときは，その執行を受けず刑の執行猶予中の場合であっても，当該職員は判決確定の日をもって失職する。

3　職員が，心身の故障のため休職処分を受け，当該処分の日から2年を経過してもなお休職事由が消滅しない場合は，当該職員はその期間満了の日をもって失職する。

4　職員が，他の地方公共団体において懲戒免職の処分を受け，当該処分の日から2年を経過していないことが明らかになった場合は，当該職員は採用された日に遡及して失職する。

5　職員の退職の申出に対し，任命権者が退職願に記載された退職予定日までに退職発令を行わなかった場合でも，退職予定日の到来をもって職員は自動的に退職する。

◯106 ★★ 分限と懲戒 ①相違点

分限と懲戒についての記述として妥当なのは，次のどれか。

1　分限処分は，職員の服務義務違反に対し公務員関係における秩序を維持することを目的とした制裁であり，懲戒処分は公務の能率を目的とする処分である。

2　分限免職と懲戒免職との双方の事由に該当する場合は，分限免職処分を受けた職員に対し懲戒免職処分も行うことができる。

3　分限処分と懲戒処分との双方の法定事由に該当する場合は，どちらの処分にするかは任命権者の裁量によるが，処分の目的を異にすることから，それぞれの処分をあわせて行うことはできない。

4　分限処分は，一つの法定事由に対し二種類以上の処分を行うことができるが，懲戒処分は一つの義務違反に対し二種類以上の処分を併課することはできない。

5　分限処分の休職は職員を一定期間職務に従事させない処分であり，懲戒処分の停職も目的は異なるが職務に従事させない点で同様の効果をもち，双方とも給与が支給されない。

Ⓐ 105 　正解チェック欄　｜1回目　2回目　3回目｜

1　×　誤り。全体の奉仕者たるにふさわしくない非行のあった場合は，懲戒処分の事由に該当（法29条①Ⅲ）する。このため，当然に失職するわけではない。

2　○　正しい。執行猶予中のものは，法16条1号の「禁錮以上の刑に処せられ，（中略）その執行を受けることがなくなるまでの者」に該当するので，法28条4項により失職する。

3　×　誤り。職員が心身の故障のため，長期の休養を要する場合には休職処分を行うことができる（法28条②Ⅰ）が，設問のように2年の期間を経過した後に失職するという規定はない。

4　×　誤り。職員となることができないのは，当該地方公共団体において懲戒免職の処分を受け，当該処分の日から2年を経過しない者である（法16条Ⅱ）。当該処分を受けた地方公共団体以外の地方公共団体の職員となることは，さしつかえない。

5　×　誤り。職員の申出による退職の効果は，退職の発令が行われてはじめて発生するものであり，退職発令がなく，退職予定日に自動的に退職するわけではない。　　　　　　　正　解　　2

Ⓐ 106 　正解チェック欄　｜1回目　2回目　3回目｜

1　×　誤り。分限処分は，主として公務の能率を確保するため，懲戒処分は，主として職員の服務義務違反に対し秩序を維持するための制裁である。

2　×　誤り。処分結果（退職手当，再度任用等）が異なるので，いずれの処分を行うかは事案に即し適切に判断すべきものである。

3　×　誤り。分限免職と懲戒免職以外は同一の事由について，懲戒処分と分限処分をあわせて行うことも可能である（行実昭42.6.15）。

4　○　正しい。分限処分は個々の事実に表される職員の状態に対して処分するものであり，2種類以上の分限処分はできる。懲戒処分の選択については，1個の義務違反に対し2種類以上の懲戒処分の併課をすることはできない，とされる（行実昭29.4.15）。

5　×　誤り。休職処分を受けた職員に対しては給料の全部又は一部が支給されるが，停職処分を受けた職員には制裁的性質から，停職期間中はいかなる給与も支給されない。

正　解　　4

🄠107 ★★★ 分限と懲戒 ②相違点

　分限と懲戒についての記述として妥当なのは，次のどれか。

1　職員は，地方公務員法で定める事由による場合でなければ懲戒処分を受けることはないが，分限処分は法定事由のほか，条例で定める事由によりその意に反して処分を受ける場合がある。

2　任命権者が職員に対し分限免職処分を行う場合，労働基準法の解雇の予告に関する規定が適用されるが，懲戒免職処分は解雇の予告なしに免職することについて行政官庁の認可は不要である。

3　職員の分限処分及び懲戒処分の手続き及び効果は，法律に特別の定がある場合を除く外，地方公共団体の規則で定めるとされる。

4　地方公務員法は，職員の懲戒については公正でなければならない旨を規定しているが，分限にはこうした規定は特にない。

5　任命権者は，職員が刑事事件に関して起訴された場合は休職処分にできるが，採用される以前から刑事事件に関し起訴されている事実が判明した場合には，休職処分にできない。

🄠108 ★ 職員の離職 ①身分保障

　地方公共団体の職員の離職に関する記述として妥当なのは，次のどれか。

1　職員の職と身分は一体のものではないので，職員が職を失っても当該職員は，職員としての身分を保有することが認められる。

2　任命権者が，職員の身分をその意に反して失わせることができるのは，分限免職と懲戒免職の二つに限られる。

3　職員が任命権者に対し，退職願を提出した場合，任命権者が当該退職願を受理したときに，当該職員の退職の効力が生じる。

4　定年に達した職員が，任命権者から定年により退職させる旨の辞令の交付を受けたときに，当該職員の退職の効力が生じる。

5　任命権者の職員に対する懲戒免職処分の効力は，当該職員に免職処分の辞令が到達したときではなく，任命権者がそれを当該職員に発信したときに生じる。

107　　正解チェック欄　　1回目　2回目　3回目

1　○　正しい。懲戒処分は，地方公務員法で定める事由による（法27条③）。分限処分は，地方公務員法又は条例で定める事由による（法27条②）。

2　×　誤り。懲戒免職の場合は，職員の責に帰すべき事由がある場合に該当し，解雇予告せずに免職できる。この場合，行政官庁の認定が必要である（労基法20条①，③）。

3　×　誤り。分限免職と懲戒免職とも手続き及び効果は法律に特別の定めがある場合を除くほか，条例で定めなければならない。

4　×　誤り。全て職員の分限及び懲戒については，公正でなければならない（法27条①）。

5　×　誤り。採用される以前から刑事事件に関し起訴されている事実が判明した場合も，休職処分を行うことができる（行実昭37.6.14）。

正解　1

108　　正解チェック欄　　1回目　2回目　3回目

1　×　誤り。職員の離職とは，職員が職から離れると同時にその身分を失うことをいう。職と身分は一体のものである。離職は失職（欠格条項該当，任用期間満了，定年退職）と退職（分限免職，懲戒免職，辞職，死亡退職）に分けられる。失職とは，職員が一定の事由により行政処分によることなく，当然に離職するものであり，退職とは，行政処分に基づいて離職するものである。

2　○　正しい。職員には身分保障があり，任命権者がその意に反して退職させることができるのは，分限免職と懲戒免職に限られる。

3　×　誤り。職員の退職願いを任命権者が受理した時点で，退職の効力が発生するのではない。退職願は本人の同意を確かめるための手続きであり，任命権者の行政行為である退職発令が行われてはじめて離職する（高松高判昭35.3.31）。

4　×　誤り。定年は，職員が一定の年齢に達したことによって任命権者の何らの行政処分によることなく，自動的に退職する。

5　×　誤り。一般に行政処分の効力は，発信時ではなく，処分辞令の相手方への到達により生じる。

正解　2

◉109 ★ 職員の離職 ②身分保障

地方公共団体の職員の離職に関する記述として妥当なのは，次のどれか。

1　職員が一定の職に就き，かつその職務を遂行する上で必要な資格免許を失ったときは，理由のいかんにかかわらず，当該職員は採用された日に遡及して失職する。

2　職員が，地方公務員法に定める欠格条項に該当したときは，当然に分限免職処分を行わなければならない。

3　いわゆる勧奨退職については，その要件を条例で定めれば本人の同意を得なくとも，退職発令により職員を退職させることができる。

4　退職願いの撤回は，退職処分の通知を受ける以前には信義則に反しない限り自由に行うことができる。

5　臨時的任用職員の任用期間が，満了した場合には任命権者はその職員に対し退職発令を行わなければならない。

◉110 ★ 役職定年制 ①管理監督職勤務上限年齢による降任等

役職定年制に関する記述として妥当なのは，次のどれか。

1　役職定年制の対象となる管理監督職及び管理監督職勤務上限年齢は，任命権者が定める。また，これらを定めるに当たっては国及び他の地方公共団体の職員との間に権衡を失しないように考慮しなければならない。

2　管理監督職を占める職員については，管理監督職勤務上限年齢に達した日の翌日からその後の最初の4月1日までの間に必ず管理監督職以外の職等への降任や降給を伴う転任を行わなければならない。

3　役職定年制の規定は，臨時的に任用される職員その他の法律により任期を定めて任用される職員にも適用される。

4　役職定年制により管理監督職以外の職等への降任又は降給を伴う転任を行う場合には，不利益処分に関する説明書を交付する必要はない。

5　管理監督職勤務上限年齢に達している職員について管理監督職以外の職等への降任等を行うに当たって任命権者が遵守すべき基準に関する事項については人事委員会が定める。

109 正解チェック欄 　1回目□　2回目□　3回目□

1　×　誤り。資格喪失日までは問題なく公務に従事していたので，失職することになるのは，採用された日ではなく，資格喪失日である。

2　×　誤り。職員が一定の事由に該当する場合（欠格条項該当，任用期間満了，定年），何らの行政処分を必要とせず当然に離職（失職）する。

3　×　誤り。本人の意に反して退職させることができるのは，分限免職処分と懲戒免職処分に限られる。職員の意思に基づき，任命権者が退職発令を行うものとして，依願退職，応募認定退職がある。

4　○　正しい。退職願いを提出した場合であっても，退職発令以前にこれを撤回することは原則として自由である。だが，退職辞令の交付前において退職願いを撤回することが，信義に反すると認められるような特段の事情がある場合には，その撤回は許されないとされる（最判昭34.6.26）。

5　×　誤り。任用期間が満了した場合は，期間満了と同時に失職する。　　　　　　　　　　　　　　　　　　正　解　4

110 正解チェック欄 　1回目□　2回目□　3回目□

1　×　誤り。対象となる管理監督職及び管理監督職勤務上限年齢は，条例で定めることとしている（法28条の2①，②）。後半は正しい（法28条の2③）。なお，役職定年制は令和5年4月1日施行である。

2　×　誤り。条例で定める事由として職務の遂行上の特別の事情や職務の特殊性を勘案して，あるいは，特定管理監督職群内の管理職の欠員補充が困難な事情がある場合には，引き続き当該管理監督職を占めたまま勤務させることができるなど任用の制限の特例が認められている（法28条の5）。

3　×　誤り。役職定年制の規定や管理監督職への任用の制限の規定は，臨時的任用職員や任期を定めて任用される職員には適用されない（法28条の4）。

4　○　正しい。管理監督職勤務上限年齢に達している職員について他の職への降任等に該当する降任をする場合などは処分事由説明書の交付を要しない（法49条①ただし書）。

5　×　誤り。他の職への降任等を行うに当たって任命権者が遵守すべき基準に関する事項等については条例で定める（法28条の2④）。　　　　　　　　　　　　　　　　　　正　解　4

111 ★★ 役職定年制 ②任用の制限の特例

役職定年制に係る任用の制限の特例に関する記述として妥当なのは，次のどれか。

1 管理監督職を占める職員の職務の遂行上の特別の事情を勘案して他の職への降任等により欠員補充が困難となり公務運営に著しい支障が生ずる場合は，当該管理監督職のまま勤務をさせることができる。

2 管理監督職を占める職員の職務の特殊性を勘案して他の職への降任等により欠員補充が困難となり公務運営に著しい支障が生ずる場合は，当該管理監督職のまま勤務をさせることができる。

3 役職定年制に係る任用の制限の特例により引き続き当該職員が当該管理監督職を占める期間は，1年を超えることはできない。

4 役職定年制に係る任用の制限の特例の対象となる特定管理監督職群に属する管理監督職は，条例で定められる。

5 任命権者は，特定管理監督職群に属する管理監督職の欠員補充が困難で公務の運営に著しい支障が生ずる場合は当該管理監督職を占めている職員に引き続き勤務をさせることができるが，特定管理監督職群の他の管理監督職に降任若しくは転任させることはできない。

112 ★ 定年制 ①意義

職員の定年制に関する記述として，妥当なのは，次のどれか。

1 職員の定年制は，臨時的に任用される職員その他の法律により任期を定めて任用される職員を含め地方公共団体のすべての一般職職員に一律に適用される。

2 職員の定年制による退職の効果は，行政処分としての発令をまって生じるものである。

3 地方公務員に定年制が採用された趣旨は，高齢社会における職員の新陳代謝，適正な職員構成の確保・促進及び長期的，計画的かつ安定な人事管理などの要請によるものである。

4 地方公務員法では，地方公務員の勤務条件について国の職員との均衡を保持する要請から，職員の定年についても，定年退職日や定年の特例などについて画一的に法定されている。

5 職員の定年は国の職員について定められている定年を基準として定めることが法定されているので，定年年齢についても，特例を設けるなど条例により国の職員と異なる定年を定めることは一切できない。

111　正解チェック欄　1回目□　2回目□　3回目□

1　×　誤り。職務の遂行上の特別の事情を勘案して他の職への降任等により公務の運営に著しい支障が生ずる場合については，法28条の5・1項2号の職務の特殊性を勘案する場合と異なり，「当該管理監督職の欠員の補充が困難となること」までは要件となっていない（法28条の5①Ⅰ）。

2　○　正しい（法28条の5①Ⅱ）。

3　×　誤り。原則は1年を超えない期間内であるが（法28条の5①），条例で定めるところにより，さらに延長することができる。ただし，最長3年を超えることができない（法28条の5②）。

4　×　誤り。特定管理監督職群に属する管理監督職は，人事委員会規則（人事委員会を置かない地方公共団体においては地方公共団体の規則）で定める（法28条の5③）。

5　×　誤り。引き続き当該管理監督職を占めたまま勤務させ，又は，特定管理監督職群の他の管理監督職に降任若しくは転任させることができる（法28条の5③）。

正　解　2

112　正解チェック欄　1回目□　2回目□　3回目□

1　×　誤り。職員の定年制は，臨時的に任用される職員その他の法律により任期を定めて任用される職員及び非常勤職員には適用されない（法28条の6④）。

2　×　誤り。退職の効果は，法28条の6・1項の規定から直接生じ，職員は，定年に達したときは，勤務延長の場合を除き，定年退職の日の満了とともに，何ら処分を要することなく，自動的に身分を失うものである。

3　○　正しい。職員の定年制は，このような趣旨による。

4　×　誤り。定年制度の導入，定年年齢の定め方，定年退職日の定め方，勤務延長などの基本的事項については法定しているが，地方公共団体の特殊性にも配慮し，定年年齢の特例，定年の延長，定年退職日などについて，個別な事情に応じて条例で定めるものとしている。

5　×　誤り。国の職員の定年とは異なる定年を定めることに合理的な理由がある場合には，条例で，国の職員と異なる年齢を定年として定めることができる（法28条の6③）。

正　解　3

Q113 ★★ 定年制 ②制度全般

職員の定年退職に関する記述として妥当なのは，次のどれか。

1 職員の定年については，国家公務員の定年をそのまま条例で定めることとされており，国家公務員の定年と別の定めをすることはできない。

2 定年制は，本人の意思にかかわらず退職させる制度であるから，分限処分の一種である。

3 地方公共団体の職員の定年は，国の職員につき定められている定年を基準として条例で定めることとされている。

4 地方公共団体の職員は，定年に達したときは，定年に達した日以後における最初の3月31日までの間において，任命権者の定める日に退職する。

5 非常勤職員の定年については，その職務と責任の特殊性がある場合は条例で常勤職員の定年の年齢を超えて定めることができる。

Q114 ★ 定年制 ③制度全般

職員の定年制に関する記述として，妥当なのはどれか。

1 地方公共団体の職員の定年年齢は，医師，歯科医師を除き60歳と法定されている。

2 一部の職員にのみ違う定年を定めることは，平等取扱いの原則に反するので，地方公共団体の定年についてはすべての職を通じて同一の定年が定められなければならない。

3 非常勤職員にも定年の規定が適用されるので，常勤職員の定年の年齢より高齢の者を採用することはできない。

4 地方公共団体の職員は，定年に達したときには，定年に達した日以後における最初の3月31日までの間において，条例に定める日に，免職処分を受けて退職する。

5 令和5年4月施行の法改正による定年の段階的引上げに伴い，任命権者は当分の間，職員が条例で定める年齢に達する日の属する年度の前年度に条例で定める年齢に達する日以降に適用される任用及び給与に関する措置の内容など必要な情報を提供することとしている。

113　正解チェック欄　1回目 2回目 3回目

1　×　誤り。職員の定年は，国の職員の定年を基準として条例で定めることとしている（法28条の6②）。国の職員の定年を基準として定めることが実情に即しないと認められる職員については，条例で別の定めをすることができる（法28条の6③）。

2　×　誤り。処分ではないので，定年退職は分限処分ではない。

3　○　正しい（法28条の6②）。

4　×　誤り。職員は定年に達したときは，定年に達した日以後における最初の3月31日までの間において，条例で定める日に退職する（法28条の6①）。

5　×　誤り。臨時的任用職員，任期を定めて任用される職員及び非常勤職員には，定年制は適用されない（法28条の6④）。

正　解　　3

114　正解チェック欄　1回目 2回目 3回目

1　×　誤り。定年退職は，法28条の6の規定により，国の職員につき定められている定年を基準として条例で定めるものとしている。

2　×　誤り。地方公共団体の職員に関しその職務と責任に特殊性があること又は欠員の補充が困難であり国の職員に定められている定年を基準として定めることが実情に即さないと認められるときは，当該職員の定年については，国及び他の地方公共団体の職員との間に権衡を失しないように適当な考慮を払ったうえで，条例で別の定めをすることができる（法28条の6③）。なお，欠員の補充が困難な例として，へき地の医師，歯科医師，保健師等が考えられる。

3　×　誤り。臨時的任用職員等任期を定めて任用される職員及び非常勤職員には定年制は適用されない（法28条の6④）。

4　×　誤り。定年退職は，法28条の6の規定により職員が定年によって退職すべき日が到来したときは当然に離職することとなる。その法律的性質は失職であり，行政処分は不要である。

5　○　正しい（法附則㉓）。あわせて，条例で定める定年の年齢に達する日の翌日以降における勤務の意思を確認するよう努めるものとしている。

正　解　　5

●115 ★ 定年制 ④制度全般

令和5年4月施行の地方公務員法改正による定年制に関する記述として妥当なのは，次のどれか。

1 法改正の趣旨は，定年を段階的に引き上げるとともに，組織の活性化や高齢期の多様な職業生活設計の支援を図るものである。

2 令和5年4月1日から令和10年3月31日までの間における定年に関しては，国の職員の当該期間における定年に関する特例を基準として，条例で特例を定めるものとしている。

3 定年前再任用短時間勤務の職員の制度が新設されるが，従前の定年退職者等の再任用制度についても条例で定めるところにより実施できるとしている。

4 管理監督職以外の職員については，定年退職の日の翌日以降は当該職員が従事していた職に引き続き勤務させることはできない。

5 任命権者は，当分の間，職員が定年の年齢に達する日の属する年度の前年度において，当該職員に定年の年齢に達する日以降に適用される任用及び給与に関する措置の内容等の必要な情報を提供するものとされているが，勤務の意思の確認に努める必要はない。

●116 ★★ 定年制 ⑤定年退職日

定年等に関する記述として妥当なのは，次のどれか。

1 定年により職員が実際に退職するのは，定年に達した日からその日の属する年度の末日までの間で，地方公務員法では退職日の定め方に一定の幅を持たせている。

2 定年制は，原則として一般職に属する地方公務員及び常勤の特別職に適用されるが，臨時的任用職員，任期を定めて任用される職員及び非常勤職員には適用されない。

3 職員の定年は，原則として国の職員の定年を基準として条例で定めるが，特定の職員に関しその職務と責任に特殊性がある場合は，任命権者は定年年齢や退職の日を規則で定めることができる。

4 定年退職者の勤務延長は，退職の日から3年を超えない範囲内で期限を定め，勤務を継続させるものであり，勤務延長後の職員の転任，昇任等は一般の職員と同様である。

5 令和5年4月に施行となる法改正により，定年退職者等を常時勤務を要する職として採用する再任用制度は段階的に廃止されるが，定年退職者等を短時間勤務の職に採用することはできるとしている。

A 115 ｜ 正解チェック欄 ｜ 1回目 ☐ ｜ 2回目 ☐ ｜ 3回目 ☐

1　○　正しい。国家公務員の定年を基準として，その定年を条例で定めている地方公務員についても，国家公務員の定年が段階的に引き上げられることに伴い同様な措置を講ずるものである。

2　×　誤り。定年を段階的に引き上げる条例で特例を定めることとなる期間は，令和5年4月1日から令和13年3月31日の間である（法附則㉑）。

3　×　誤り。定年退職者等の再任用制度は廃止される。

4　×　誤り。職員の職務の遂行上の特別の事情や職務の特殊性を勘案して条例で定める事由があると任命権者が認めるときは，定年に達した職員を定年退職の日に従事している職務に引き続き従事させるため勤務させることができる（法28条の7）。

5　×　誤り。任用及び給与に関する措置の内容など必要な情報を提供するととともに，定年退職日の翌日以降における勤務の意思を確認するよう努めることとしている（法附則㉓）。

｜ 正　解　　1 ｜

A 116 ｜ 正解チェック欄 ｜ 1回目 ☐ ｜ 2回目 ☐ ｜ 3回目 ☐

1　○　正しい。職員は，定年に達したときは，定年に達した日以後における最初の3月31日までの間において，条例で定める日に退職する（法28条の6①）。

2　×　誤り。常勤の特別職には，定年制の適用はない。

3　×　誤り。国の職員につき定められている定年を基準として定めることが実情に即さないと認められるときは，当該職員の定年については条例で別の定めをすることができる（法28条の6③）。

4　×　誤り。定年延長は，条例で定めるところにより1年を超えない範囲で更新でき，最大限3年まで認められる（法28条の7②）また，定年延長は当該職務に従事させるため引き続いて勤務させる制度であり，昇任，転任することはない。

5　×　誤り。法改正により導入されるのは，定年前に退職した職員を短時間勤務の職に採用する制度である（法22条の4）。

｜ 正　解　　1 ｜

⬤117 ★ 定年制 ⑥定年

職員の定年制に関する記述として，妥当なのはどれか。

1　職員の定年は，国の職員及び民間企業の定年を参考に条例で定めるとされている。

2　職員の定年は，国の職員の定年を基準として，法律により60歳と定められている。

3　職員の定年退職日は，法律の定めるところにより，定年に達した日以後における最初の3月31日とされている。

4　職員の定年は，地方公務員法に規定する事由があるときは，条例で定めるところにより，1年を超えない範囲内で期限を定め，延長することができ，さらに延長もできるが，最長で3年を超えることはできない。

5　職員の定年は画一的なものであり，定年に達した職員の職務の遂行上の特別な事情又は職員の職務の特殊性を勘案して公務の運営に著しい支障が認められる場合でも，定年に達した職員を引き続き勤務させることはできない。

⬤118 ★ 定年制 ⑦勤務延長

職員の定年制に関する記述として，妥当なのはどれか。

1　任命権者は，条例の定めるところにより，その職員が本来退職すべき日の翌日から起算して原則として，1年を超えない範囲内で期限を定め，引き続き当該職務に勤務させることができる。

2　任命権者は，条例の定めるところにより，その職員が本来退職すべき日の翌日から起算して原則として，3年を超えない範囲内で期限を定め，引き続き当該職務に勤務させることができる。

3　任命権者は，その職員が本来退職すべき日の翌日から起算して1年を超えない範囲で期限を定め，引き続き当該職務に勤務させることができるが，期限到来時の再延長はできない。

4　任命権者は，条例の定めるところにより，その職員が本来退職すべき日の翌日から起算して3年を超えない範囲であれば任意に引き続き当該職務に勤務させることができる。

5　定年により退職すべきこととなる職員が職務の遂行上の特別の事情を勘案して当該職員の退職により，公務の運営に著しい支障が生ずると認められる事由がある場合は，1年を超えない範囲内で引き続き勤務させることができるが，公務の運営に著しい支障が生ずる事由か否かの判断は任命権者の裁量に任されている。

117　　正解チェック欄　　1回目□　2回目□　3回目□

1　×　誤り。法28条の6・2項で，国の職員につき定められている定年を基準として条例で定めるものとしている。

2　×　誤り。条例の定めるところによる。地方公務員法は，地方公共団体の人事管理の実情に即した弾力的な運営に配慮している。

3　×　誤り。定年に達した日以後における最初の3月31日までの間において，条例で定める日に退職する（法28条の6①）。

4　○　正しい。定年による退職の特例としての勤務延長については，公務の運営に著しい支障が生ずると認められる条例で定める事由があると認めるときは，1年を超えない範囲内で引き続き勤務させることができる。また，さらに勤務を延長することもできるが，定年の延長期限は最長で3年を超えることはできない（法28条の7）。

5　×　誤り。勤務延長の制度が認められている（法28条の7）。

　　　　　　　　　　　　　　　　　　　　　　正解　4

118　　正解チェック欄　　1回目□　2回目□　3回目□

1　○　正しい（法28条の7①）。

2　×　誤り。原則は枝1の通りである。特例として，条例で定める事由があるときでも3年を超えることはできない（法28条の7①）。

3　×　誤り。勤務を延長すべき事由が引き続きあると認めるときは，条例の定めにより1年を超えない範囲で延長することができる（法28条の7②）。

4　×　誤り。1年を超えない範囲で期限を定める。

5　×　誤り。職務の遂行上の特別の事情を勘案して当該職員の退職により公務の運営に著しい支障が生ずると認められる事由として条例で定める事由があるときであって，任命権者の裁量で判断するものではない（法28条の7①Ⅰ）。

　　　　　　　　　　　　　　　　　　　　　　正解　1

◐119 ★ 服務の基本原則

　地方公務員法に定める服務の根本基準に関する記述として妥当なのは，次のどれか。

1　職務の義務のなかで，信用及び名誉を守る義務は，もっぱら職務遂行中においてだけ守るべき義務である。

2　職員の義務のなかで，政治的行為の制限は，勤務時間内の内外を問わず，職員としての身分を有する限り守るべき義務である。

3　職員の秘密を守るべき義務は，すべて職員としての身分を有することを限度として守るべき義務である。

4　地方公務員の全体の奉仕者性は地方公務員法でのみ定められている。

5　地方公務員法に定める服務の根本基準が適用されるのは一般職の公務員であり，特別職に準用されるのは公安委員会のみである。

◐120 ★ 服務の宣誓

　地方公務員法に定める服務の宣誓に関する記述として妥当なのは，次のどれか。

1　職員の服務を宣誓する義務は，地方公務員法に定められているが，その内容及び手続きについては各地方公共団体が規則で定めることとされている。

2　条件付採用職員の採用の場合，採用時に服務の宣誓を行うことは差し支えないが，服務上の義務は，正式採用となってはじめて生じる。

3　服務の宣誓は，任命権者の面前で宣誓書に署名して行わなければならない。

4　職員は服務を宣誓する義務を負い，服務の宣誓をすることによって，職員に服務の義務が生じる。

5　職員の服務を宣誓する義務は，職員が服務上の義務を負うことを確認し宣言する事実上の行為であるが，宣誓を拒否する行為に対しては懲戒処分を行うことができる。

A 119 正解チェック欄　1回目□　2回目□　3回目□

1　×　誤り。職員は，その職の信用を傷つけ，又は職員の職全体の不名誉となるような行為をしてはならない（法33条）。この不名誉となるような行為は，必ずしも直接に職務とは関係のない行為も含まれ，勤務時間外の行為も含まれる。

2　○　正しい。

3　×　誤り。秘密を守る義務は，職員の身分を離れた後も守るべき義務である（法34条①）。

4　×　誤り。全体の奉仕者性は地方公務員法30条で定められているが，憲法15条2項でも，「すべて公務員は，全体の奉仕者であつて，一部の奉仕者ではない」と規定している。

5　×　誤り。服務の根本基準の規定は，常勤及び非常勤の人事委員会の委員並びに公平委員会の委員にも準用されている（法9条の2⑫）。公安委員会の委員は，警察法42条1項で準用されている。

正解　2

A 120 正解チェック欄　1回目□　2回目□　3回目□

1　×　誤り。職員は，条例の定めるところにより，服務の宣誓をしなければならない（法31条）。

2　×　誤り。職員の服務上の義務は，宣誓をすることによって生じるものではなく，職員として採用されることによって当然に生じるものである。

3　×　誤り。服務の宣誓は，各地方公共団体の条例によって定めることとされている。設問のように規定することもできる。

4　×　誤り。職員の服務上の義務は，職員として採用されることによって当然に生ずるものであり，服務の宣誓は，職員が服務上の義務を負うことを確認し，宣言する行為であるといってよい。したがって，条例に基づき宣誓すること自体は職員の義務であるが，宣誓によって特別の法的効果は生じない。

5　○　正しい。

正解　5

🅠121 ★★ 職務命令に従う義務 ①命令の有効性

地方公務員法に定める上司の職務上の命令に従う義務に関する記述として妥当なのは，次のどれか。

1　階層的に上下の関係にある2人以上の上司から職務命令が発せられ，それらが相互に矛盾する場合，職員は直近の上司の職務命令に拘束される。

2　職務命令は必ずしも職員の職務遂行に直接関係あるものに限られず，職務執行上必要のある場合には，合理的範囲内において職員の生活行動の制限にも及ぶ。

3　職員は，自己の判断により上司の職務上の命令の適法性を判断することができ，違法と判断される職務命令に従う必要はない。

4　上司の職務命令に違法の疑いがある場合には職員はその職務命令に従う義務はない。

5　違法又は不当な上司の職務命令は職員に対して拘束力を有しないから，職員は常に職務命令に対する形式的審査権のほか実質的審査権を有している。

🅠122 ★★★ 職務命令に従う義務 ②命令の有効性

地方公務員法に定める上司の職務上の命令に従う義務に関する記述として妥当なのは，次のどれか。

1　通達は，行政機関に対する職務命令であり，その内容のいかんにかかわらず，個々の職員に対する職務命令となることはない。

2　職員に対し職務命令を発することのできる上司とは，当該職員より上位の地位にある者をいい，当該上司は，必ずしも当該職員に対する指揮監督権を有している必要がない。

3　職員は，重大かつ明白な瑕疵を有する上司の職務命令に従った場合であっても，その行為及びそれによって生じた結果について，責任を問われることがない。

4　上司は，特定の職員に対し，その職務に必要がある場合，公舎に居住することを命じることができる。

5　職員が，その職務を遂行するに当たり，上司の職務命令に違反した場合は，当該職員は，地方公務員法に定める懲戒処分の対象となるとともに罰則が適用される。

121 正解チェック欄 1回目 [ ] 2回目 [ ] 3回目 [ ]

1　×　誤り。所属の部長と課長の命令が矛盾するときは部長の命令が優先し，その限りで課長の命令は効力を生じない。

2　○　正しい。

3　×　誤り。職務命令に重大かつ明白な瑕疵があり当然に無効な場合には，部下はこれに従う義務はない。これに対し，職務命令にその取消しの原因となる瑕疵があるにとどまるとき，あるいは有効な命令であるかどうか疑義があるに過ぎないときは，職務命令は一応有効である推定を受ける。

4　×　誤り。違法の疑いがある場合でも，その職務命令は一応有効である推定を受けるので職員はその命令に従う義務がある。

5　×　誤り。部下の職務命令に対する審査権とは，上司の職務命令が当然無効であるか否かを判別することであり，取り消しうべき瑕疵がある職務命令に対する審査権はその取消権限がある機関が行使するものである。

正解　2

 122 正解チェック欄 1回目 [ ] 2回目 [ ] 3回目 [ ]

1　×　誤り。通達にも個々の職員に対する職務命令となる場合がある。

2　×　誤り。職員に対し職務命令を発することのできる上司とは，当該職員に対する指揮監督権を有している上司のことである。

3　×　誤り。重大明白な瑕疵のある命令は，無効な職務命令で従う必要はない。当然無効の職務命令に従った職員はその行為及びそれによって生じた結果について責任を負わなければならない。

4　○　正しい。

5　×　誤り。罰則の適用はない。

正解　4

🄠123 ★ 職務命令に従う義務 ③命令の瑕疵

　職務命令の有効要件に関する記述として妥当なのは，次のどれか。

1　職務命令が有効であるためには，法律上又は事実上可能なものでなければならないので，消滅した物件の収用を命ずる職務命令は無効である。

2　職務命令が有効であるためには，直近の上司から発せられたことが必要であるので，A局長から直接A局のB係長に発した命令は無効である。

3　職務命令が有効であるためには，命令が部下職員の所掌事務に対するものでなければならないので，定められた制服の着用命令は無効である。

4　職務命令が有効であるためには文書によらなくてはならないので，規則等の定めのない限り，口頭による職務命令は無効である。

5　職務命令が有効であるためには，行政機関に対して発せられたことが必要であるので職位名を欠いた公務員個人に対する職務命令は無効である。

🄠124 ★ 信用失墜行為の禁止 ①罰則

　信用失墜行為の禁止に関する記述として妥当なのは，次のどれか。

1　職員が信用失墜行為の禁止に違反したときは，その違反した行為が職務に関連する場合は地方公務員法上の罰則が適用されるが，職務に関連しない場合は地方公務員法上の罰則が適用されない。

2　職員が信用失墜行為の禁止に違反したときは，地方公務員法上の罰則が適用され，その違反した行為が職務に関連する場合は懲戒処分の対象となり，職務に関連しない場合は分限処分の対象となる。

3　職員が信用失墜行為の禁止に違反したときは，地方公務員法上の罰則が適用されるが，その違反した行為が破廉恥罪に該当する場合は，刑法その他の刑罰規定が優先して適用される。

4　職員が信用失墜行為の禁止に違反したときは，地方公務員法上の罰則の適用はないが，その違反した行為が職務に関連しない行為であっても，懲戒処分の対象となることがある。

5　職員が信用失墜行為の禁止に違反したときは，地方公務員法上の罰則の適用はないが，その違反した行為が刑法に定める罪に該当する場合に限り，懲戒処分の対象となる。

123 | 正解チェック欄 | 1回目 □ | 2回目 □ | 3回目 □

1　○　正しい。

2　×　誤り。直近の上司が発した命令である必要はない。

3　×　誤り。職務の遂行上必要があると認められる限り，名札着用の職務命令を発することができる（行実昭39.10.1）。身分上の命令の根拠をもっぱら特別権力関係に求める説もあるが，法32条等の合理的解釈をすれば足り，敢えて特別権力関係の概念を持ち出す必要はないと思われる。

4　×　誤り。口頭による職務命令も有効である。

5　×　誤り。職務命令の手続き及び形式は，職務命令の効力要件ではないので，別段の制限はない。

正　解　1

 124 | 正解チェック欄 | 1回目 □ | 2回目 □ | 3回目 □

1　×　誤り。信用失墜行為には，罰則の適用はない。

2　×　誤り。信用失墜行為には罰則の適用はなく，懲戒処分の対象となる。

3　×　誤り。信用失墜行為には，罰則の適用はない。

4　○　正しい。

5　×　誤り。刑法に定める罪に該当しなくとも，全体の奉仕者たるにふさわしくない非行のあった場合に該当するため，懲戒処分の対象となる（法29条①Ⅲ）。

正　解　4

●125 ★★★ 信用失墜行為の禁止 ②基準・対象

　信用失墜行為の禁止に関する記述として妥当なのは，次のどれか。

1　職員の信用失墜行為には，刑罰の対象とならない行為は含まれない。

2　どのような行為が信用失墜行為に当たるかについての一般的な基準はなく，社会通念に照らし，個別具体的に判断することになる。

3　人事委員会は，どのような行為が信用失墜行為に当たるかについての一般的な基準を定めなければならない。

4　職員の信用失墜行為には，職務に関連しない行為は含まれない。

5　職員の信用失墜行為には，勤務時間外にした行為は含まれない。

●126 ★ 秘密を守る義務 ①秘密の意味

　秘密を守る義務に関する記述として妥当なのは，次のどれか。

1　官公庁が秘密であることを明示している文書は，官公庁の専門的判断が尊重され，法律上の秘密に該当する。

2　「秘密」とは，単に官公庁が秘密扱いの指定をしただけではなく，実質的にもそれを秘密として保護するに値すると認められるものをいう。

3　職員に秘密を守る義務が課されているのは，職員に関する個人的な秘密の漏洩を防止することが主な目的である。

4　「職務上知り得た秘密」とは，「職務上の秘密」の中の一部で，職員が秘密であることを認識している事実をいう。

5　秘密とは，一般に了知されていない事実であって，それを一般に了知せしめることが一定の利益の侵害になると客観的に考えられるものをいい，その判断はもっぱら任命権者に委ねられている。

128

125 　正解チェック欄　1回目□ 2回目□ 3回目□

1　×　誤り。信用失墜行為には刑罰を科せられる場合に限られず，例えば，公序良俗に違反するような行為や住民が公務に対して著しい不信の念を抱くような行為なども該当する。

2　○　正しい。

3　×　誤り。人事委員会が定めなければならないとの規定はない。

4　×　誤り。職務に直接関連しない行為も対象となる。

5　×　誤り。勤務時間外の行為であっても，それが職員の職全体の不名誉となる行為に該当する場合は，信用失墜行為となる。

正解　2

126 　正解チェック欄　1回目□ 2回目□ 3回目□

1　×　誤り。秘密に関する学説として，本肢のような形式秘説と実質秘説とがあるが，判例は後者の説をとる。

2　○　正しい。秘密はそれが公的なものであるにせよ，私的なものであるにせよ，客観的にみて秘密に該当するもの，すなわち，「実質的秘密」でなければならないが（最判昭52.12.19），例えば，公的秘密についていえば，官公庁が秘密であることを明示している文書は，一応「形式的秘密」に該当し，それを管理する官公庁の専門的判断を信頼して第一次的には秘密の推定を受けるが，最終的には客観的に実質的秘密であるかどうかによって法律上の秘密に該当するか否かを決定しなければならない。

3　×　誤り。行政の公正な運営を確保し，公の利益を保護することにより，住民の信頼に応えることが主な目的である。

4　×　誤り。職務上の秘密は職務上知り得た秘密の一部である。

5　×　誤り。秘密かどうかの判断が，もっぱら任命権者に委ねられているわけではない。

正解　2

Ｑ127 ★★ 秘密を守る義務 ②義務者

秘密を守る義務に関する記述として妥当なのは，次のどれか。

1　職員は，職務上知り得た秘密を漏らしたときは，服務上の義務違反として懲戒処分の対象となるが，刑罰の対象とはならない。

2　職員は，職務上知り得た秘密を漏らしてはならないが，この義務は，在職中だけでなくその職を退いた後にも課せられている。

3　職員は，自己の所管する職務に関する秘密を守る義務があるが，職務に関連して知った秘密で自己の所管外のものについては秘密を守る義務は課されていない。

4　職員は，民事事件に関して，職務上の秘密に属する事項について証言を求められた場合には，必ず証言しなければならず，その証言に当たっては任命権者の許可を受ける必要はない。

5　職員は，人事委員会から職務上の秘密に属する事項について発表を求められた場合には，その発表については任命権者の許可を受けなければならないが，任命権者は理由を疏明してこれを拒否することができる。

Ｑ128 ★★ 秘密を守る義務 ③秘密の発表

秘密を守る義務に関する記述として妥当なのは，次のどれか。

1　職員は，民事事件において証人となり職務上の秘密について発表を求められた場合，その発表について任命権者の許可を受けなければならないが，任命権者は理由を疏明してこれを拒否できる。

2　職員は，人事委員会の権限によって行われる審理に際して人事委員会から職務上の秘密について発表を求められた場合，任命権者の許可を受けることなくその秘密を発表することができる。

3　職員は，職務上知り得た秘密で職務上の秘密でないものについては，法令による証人又は鑑定人となりこれを発表する場合においては，任命権者の許可を受けることを必要としない。

4　職員は，職務上知り得た秘密を漏らしたときは地方公務員法の規定に基づき罰せられるが，秘密の漏洩を黙認するという不作為は，秘密を漏らす行為には該当しないので罰則規定の適用を受けない。

5　職員は，在職中職務上知り得た秘密を守る義務が課せられるが，かつて職員として臨時的に任用されたものが秘密を漏らしても，その行為は地方公務員法の罰則規定の適用を受けない。

127 正解チェック欄　1回目□　2回目□　3回目□

1　×　誤り。法34条に違反して秘密を漏らした者は，1年以下の懲役又は50万円以下の罰金に処する（法60条Ⅱ）。

2　○　正しい（法34条①）。

3　×　誤り。職務上知り得た秘密には，担当外の事項であっても職務に関連して知り得たものも含まれる。

4　×　誤り。法令による証人，鑑定人等となり，職務上の秘密に属する事項を発表する場合においては，任命権者の許可を受けなければならない（法34条②）。

5　×　誤り。法律に特別の定めがある場合を除き，任命権者は必ず許可を与えなければならない（法34条③）。

正　解　2

 128 正解チェック欄　1回目□　2回目□　3回目□

1　×　誤り。任命権者は，法律に特別の定めがある場合を除いて，発表について，許可を与えなければならない（法34条③）。

2　×　誤り。法8条6項により人事委員会又は公平委員会の権限によって行われる調査，審理に関して，職員が秘密に属する事項を発表する場合には，任命権者の許可が必要である（行実昭26.11.30）。

3　○　正しい。「職務上知り得た秘密で職務上の秘密でないもの」は，許可を受けることを必要としない（法34条②）。

4　×　誤り。設問のような行為も，罰則の適用がある（法62条）。

5　×　誤り。臨時的任用職員にも，服務，懲戒及び給与等に関する規定は適用される（法29条の2）。

正　解　3

◎129 ★★ 秘密を守る義務 ④秘密の発表

秘密を守る義務に関する記述として妥当なのは，次のどれか。

1 最高裁判所は，秘密とは，非公知の事実であって，秘密を指定する権限のある行政庁により明示的に秘密の指定がなされたものをいうと判示し，形式秘説を採用した。

2 秘密は，保護法益の内容からみて，公的秘密と個人的秘密に分けられるが，職務上の秘密はすべて公的秘密であり，職務上知り得た秘密には公的秘密と個人的秘密とがある。

3 普通地方公共団体の議会が職員を証人として職務上の秘密に属する事項について発表を求める場合には，任命権者の承認を必要とし，任命権者がその承認を拒む場合は理由を疎明して，職員に当該発表の許可を与えないことができる。

4 職員が裁判所で証人となって職務上の秘密を発表する場合，司法手続における真実追求の重要性から，当該職員は任命権者の許可を得ることなく職務上の秘密を発表することができる。

5 職員は，職務上知り得た秘密を守る義務に違反した場合，懲戒処分とともに刑事罰の対象となるが，秘密を漏らすことをそそのかした者については，刑事罰の対象とはならない。

◎130 ★★ 秘密を守る義務 ⑤秘密の発表

秘密を守る義務に関する記述として妥当なのは，次のどれか。

1 職員が，法令による証人，鑑定人等となり，職務上知り得た秘密を発表する場合にはその秘密が自己の担当する職務に関するものでなくても，任命権者の許可を受けなければならない。

2 人事委員会の権限によって行われる調査，審理に関して，職員が秘密に属する事項を発表する場合には，任命権者の許可を必要としない。

3 任命権者は，秘密を公表することが公の利益を害すると判断されるときでも，法律に特別の定めがある場合以外は秘密の公表を拒否することはできない。

4 退職した職員も秘密を守る義務を負うが，現に職員である者とは異なり，違反しても罰則の適用はない。

5 職務遂行中に知り得た事実で，職務に関係なく，たまたま見聞したものも，職務上知り得た秘密となる。

129　正解チェック欄　1回目□　2回目□　3回目□

1　×　誤り。最高裁判所は，秘密とは，非公知の事実であって，実質的にもそれを秘密として保護するに価すると認められるものをいうと解し（最判昭52.12.19），実質秘説の考えに立った。

2　×　誤り。職務上の秘密とは，職員の職務上の所管に属する秘密を指し，公的秘密だけではなく個人的秘密も含まれる。

3　○　正しい（自治法100条④）。

4　×　誤り。裁判所で証人となる場合も，法34条2項にいう法令による証人に当たるので，任命権者の許可が必要である。

5　×　誤り。秘密を漏らすことをそそのかした者についても，刑事罰の対象となる（法60条Ⅱ，62条）。

正　解　3

 130　正解チェック欄　1回目□　2回目□　3回目□

1　×　誤り。職員が公表することについて，任命権者の許可を受けなければならないのは，職務上の秘密に限られる。職務上知り得た秘密で職務上の秘密でないものについては，許可を要しない。

2　×　誤り。人事委員会の権限によって行われる調査・審理の場合も，任命権者の許可を必要とする。

3　○　正しい（法34条③）。

4　×　誤り。退職した職員については，懲戒処分の対象にはならないが，法60条2号の規定により刑事罰の対象にはなる。

5　×　誤り。職務上知り得た秘密とは，職務の執行に関連して知り得た秘密であって，自ら担当する職務に関する秘密も当然に含まれるが，担当外の事項であっても職務に関連して知り得たものも含まれる。職務に関係なく，たまたま見聞したものは含まれない。

正　解　3

131 職務専念義務 ①意義

職務専念義務に関する記述として妥当なのは，次のどれか。

1　職務専念義務を法律に基づき免除した任命権者は，その免除した勤務時間に対して給与を支払わなければならない。
2　職員は，職務上の注意力のすべてをその職責遂行のために用いなければならないが，その職務専念義務は勤務時間内に限られる。
3　職務専念義務の対象となる事務は，地方公共団体の自治事務に限られる。
4　勤務時間内に営利企業に従事することを許可された職員は，その許可によって当然に職務専念義務も免除される。
5　職務専念義務は，法律の特別の定めがある場合に限り免除することができ，条例に基づいては免除することができない。

132 職務専念義務 ②免除事由

職務専念義務に関する記述として妥当なのは，次のどれか。

1　勤務時間中に勤務条件に関する措置の要求を人事委員会に対して行う場合は，法律又は条例に特別の定めがなくても，職務専念義務は免除される。
2　職務専念義務に違反した職員は，1年以下の懲役又は50万円以下の罰金に処せられる場合がある。
3　職員の職務専念義務が法律によって免除される場合の例として，分限処分による休職や懲戒処分による停職があげられる。
4　当局と適法な交渉を行うため職員団体から指名された職員は，職務専念義務の免除について任命権者から承認を得る必要はない。
5　地方公共団体が，公益法人等や一定の営利法人に職員を派遣する場合は，法律により公務員としての身分を有したまま派遣することができる。

131 正解チェック欄

1回目 □ 2回目 □ 3回目 □

1　×　誤り。一般に職務専念義務を免除すれば，ノーワーク・ノーペイで給与を支給しないのが原則である。

2　○　正しい（法35条）。

3　×　誤り。職務専念義務の対象は，法35条で「地方公共団体がなすべき責を有する職務にのみ従事しなければならない」とされている。この地方公共団体がなすべき責を有する職務には，自治事務のほか法定受託事務も含まれる。

4　×　誤り。営利企業従事等の許可（法38条）と職務専念義務の免除（法35条）とは性質・目的が異なるので，それぞれ別個に判断される。

5　×　誤り。職務専念義務は，法35条により法律又は条例に特別の定めがある場合は免除することができる。

正解　2

132 正解チェック欄

1回目 □ 2回目 □ 3回目 □

1　×　誤り。勤務時間中に勤務条件に関する措置の要求を人事委員会に対して行う場合でも，法律又は条例に特別の定めがない限り，法的には職務専念義務に抵触する（行実昭27.2.29）。

2　×　誤り。職務専念義務に違反した職員は，懲戒処分の対象となるが，罰則は適用されない。

3　○　正しい。

4　×　誤り。当局との適法な交渉であっても，職務専念義務の免除については，任命権者から承認を得なければならない（行実昭41.6.21）。

5　×　誤り。公益的法人等への一般職の地方公務員の派遣等に関する法律では，公益法人等へは公務員の身分を有したままの派遣，一定の営利法人へは復職をはじめ処遇に配慮した上での退職派遣というルールが明文化されている。

正解　3

◯133 ★★ 職務専念義務 ③免除事由

職務専念義務に関する記述として妥当なのは，次のどれか。

1 職員が勤務条件に関して措置の要求をしたり，不利益処分に関して審査請求をすることは，職員に保障されている法律上の権利であり，職員がこれらの行為を勤務時間中に行う場合は，当然に職務専念義務が免除される。

2 職員が国家公務員や特別職の職を兼ねる場合は，その兼職の許可自体が職員としての勤務時間及び注意力の一部を割くことを前提としているので，別途，職務専念義務の免除についての任命権者の承認は必要としない。

3 職務専念義務が免除された勤務時間に給与を支給するか否かは，給与条例の定めるところに任されており，在籍専従職員については，条例で定めた場合は給与を支給することができる。

4 職務専念義務が要求されるのは正規の勤務時間であり，時間外勤務，休日勤務，宿日直勤務については，職務専念義務は免除される。

5 登録を受けた職員団体の役員としてもっぱら従事することについて任命権者から許可を受けている間は，職務専念義務が免除される。

◯134 ★ 職務専念義務 ④免除と給与の支給

職務専念義務の免除に関する記述として妥当なのは，次のどれか。

1 職員は，職員団体の在籍専従職員として任命権者から許可された場合には，職務専念義務を免除され，その許可が効力を有する間は給与の支給を受けることができる。

2 職員は，勤務時間内に営利企業等に従事することについては人事委員会の許可が必要であり，その許可を受けた場合には，職務専念義務を免除されるが，給与の支給を受けることはできない。

3 職員は，法律上の権利である不利益処分に関する審査請求を勤務時間中に行う場合には，任命権者の許可を要せずに職務専念義務を免除されるが，給与の支給を受けることはできない。

4 職員は，勤務時間中に職員団体の活動に従事することについて，任命権者から職務専念義務の免除を受けた場合には，条例で定める場合以外は給与の支給を受けることはできない。

5 職員は，懲戒処分によって停職にされた場合には，その職を保有しないので，当然に職務専念義務を免除されるが，条例で定める場合以外は給与の支給を受けることはできない。

133 | 正解チェック欄 | 1回目 □ | 2回目 □ | 3回目 □

1　×　誤り。勤務時間中に，勤務条件に関する措置の要求をすること，不利益処分に関する審査請求をすることは，法律又は条例に特別の定めがない限り，法的には職務に専念する義務に関する規定に抵触する（行実昭27.2.29）。

2　×　誤り。職員が国又は他の地方公共団体その他の公共団体の事務に従事する場合は，あらかじめ任命権者の承認を得ることが必要である。

3　×　誤り。在籍専従職員はいかなる給与も支給されない（法55条の2⑤）。

4　×　誤り。職務専念義務は，勤務時間中に課せられるが，ここでいう勤務時間には，正規の勤務時間に限らず時間外勤務や休日勤務を命じられた場合も含まれる。

5　○　正しい。

正解　5

134 | 正解チェック欄 | 1回目 □ | 2回目 □ | 3回目 □

1　×　誤り。職員は，職員団体の在籍専従職員として任命権者から許可された場合，職務専念義務を免除されるが，その許可が効力を有する間は休職者としていかなる給与も支給されない（法55条の2⑤）。

2　×　誤り。営利企業に従事することについては人事委員会ではなく任命権者の許可が必要であり（法38条①），勤務時間内であれば職務専念義務の免除も受けなくてはならない。給与の支給については，給与条例に給与減額免除の規定があるかどうかによる。

3　×　誤り。職員は，勤務条件に関する措置要求及び不利益処分に関する審査請求を行う場合にも，勤務時間中であれば，法律又は条例に特別の定めがなければ，職務専念義務に抵触する（行実昭27.2.29）。給与の支給は，給与条例の規定による。

4　○　正しい（法55条の2⑥）。

5　×　誤り。懲戒による停職処分は，専念すべき職務を奪うとともに，給与も支給されない。また条例で支給を定めることもできない。

正解　4

●135 ★★ 政治的行為の制限 ①対象

政治的行為の制限に関する記述として妥当なのは，次のどれか。

1 職員は，勤務時間の内外を問わず，政治的行為が制限されるが，現に勤務に従事していない休職中又は停職中の職員は，政治的行為の制限を受けない。

2 職員は，特定の内閣や地方公共団体の執行機関を支持し，又はこれに反対する目的をもって，署名を行い，又は寄附金等を与えることを禁止されている。

3 職員は，公の選挙において，特定の候補者に投票するように勧誘運動をすることは，その職員の属する地方公共団体の区域の内外を問わず許されない。

4 職員は，政党その他の政治的団体の役員になることは禁止されているが，これらの団体の構成員となるように勧誘運動をすることは禁止されていない。

5 職員は，政党その他の政治的団体の結成に関与することを禁止されており，これに違反した場合には，刑罰の適用は受けないが，懲戒処分の対象になる。

●136 ★ 政治的行為の制限 ②政治的目的

地方公務員法上一定の政治的目的をもっていなくても禁止される行為の組み合わせとして正しいものはどれか。

A 政治的団体の構成員となるように勧誘運動すること

B 署名運動を企画するなど積極的に関与すること

C 政党の結成に関与すること

D 公の選挙において投票するように勧誘運動すること

E 寄附金の募集に積極的に関与すること

1 A，C
2 B，D
3 C，E
4 A，D
5 B，E

🅐135　正解チェック欄

1　×　誤り。政治的行為の制限は，身分上の義務とされている。したがって勤務時間の内外を問わず，また現に職務に従事していない休職中又は停職中の職員も，政治的行為の制限を受ける。

2　×　誤り。職員は，特定の内閣や地方公共団体の執行機関を支持し，又はこれに反対する目的をもって，署名運動を企画，主宰したり，寄附金等の募集を行うことは禁止されているが（法36条②Ⅱ，Ⅲ），単に設問のような行為を行うことまで禁止されているわけではない。

3　×　誤り。その職員の属する地方公共団体の区域外においては許されている（法36条②ただし書）。

4　×　誤り。職員が政党その他の政治的団体に関連して禁止されている行為は，①結成に関与すること，②役員になること，③構成員となるように又はならないように勧誘運動をすること，である（法36条①）。

5　○　正しい（法36条①）。

正解　5

🅐136　正解チェック欄

1　○　正しい。法36条で禁止する政治的行為のうち，行為者の目的を要件としていないのは，①政党その他の政治的団体の結成に関与すること，②これらの団体の役員となること，③これらの団体の構成員となるように，あるいはならないように勧誘運動することである（法36条①）。したがってAとCがこれに当たる。

2　×　誤り。

3　×　誤り。

4　×　誤り。

5　×　誤り。

正解　1

●137 ★ 政治的行為の制限 ③職種等による相違

　地方公務員法に定める政治的行為の制限に関する記述として妥当なのは，次のどれか。

1　職員団体の業務にもっぱら従事するA市の職員が，特定の政党を支持する目的をもって，B市の庁舎の掲示板にその政党の宣伝ポスターを貼ることは許される。

2　A市の職員が，地方自治法の改正に反対する目的で，A市の区域内で署名運動を企画し，又は主宰する等これに積極的に関与することは許される。

3　刑事休職中のA市の職員が，B市の区域内において，特定の政党の構成員となるように勧誘運動をすることは許される。

4　A市の公営企業の職員が，A市の市民団体が行う寄附金の募集に応じて，自分の財布から寄附することは許されない。

5　A市の公立学校の教員が，B市の現市長を支持する目的をもって，B市の市長選挙で投票をするように勧誘運動をすることは許される。

●138 ★ 政治的行為の制限 ④区域

　地方公務員法に定める政治的行為の制限に関する記述として妥当なのは，次のどれか。

1　職員は，当該職員の属する地方公共団体の区域外においては，政党その他の政治的団体の構成員になるように勧誘活動をすることができる。

2　職員は，当該職員の属する地方公共団体の区域外においては，特定の政党を支持する目的をもって，文書を地方公共団体又は特定地方独立行政法人の庁舎に掲示することができる。

3　職員は，いかなる区域においても，政党その他の政治的団体の結成に関与してはならず，またこれらの団体の役員になってはならない。

4　職員は，いかなる区域においても，特定の政党又は地方公共団体の執行機関を支持する目的をもって，署名運動を企画してはならない。

5　職員は，いかなる区域においても，特定の政党又は内閣に反対する目的をもって，寄附金その他の金品の募集に関与してはならない。

137 　　**正解チェック欄** 　1回目□　2回目□　3回目□

1　×　誤り。職員は，特定の政党を支持する目的をもって，文書又は図画を地方公共団体又は特定地方独立行政法人の庁舎，施設等に掲示してはならない（法36条②Ⅳ）。この禁止は，勤務する区域の内外を問わない。

2　○　正しい。地方自治法の改正に反対するという目的は，禁止される政治的行為の要件たる目的に該当しない。

3　×　誤り。政治的行為の制限は，現に職務に従事していない休職中又は停職中の職員にも適用される。刑事休職中の職員が，特定の政党の構成員となるように勧誘運動をすることは許されず，またこの禁止は区域の内外を問わない（法36条①）。

4　×　誤り。一般に公営企業の職員には法36条の政治的行為の制限が適用されない（法57条，地公企法39条②）。また寄附金等を与えるだけであれば，企業職員でなくても許される。

5　×　誤り。教育公務員については，その職務と責任の特殊性に基づき，より厳格な制限が課せられ，政治的行為の制限は特定の地域に限定されない（教育公務員特例法18条①，国家公務員法102条）。

　　　　　　　　　　　　　　　　　　　　　　　　正　解　　2

 138 　　**正解チェック欄** 　1回目□　2回目□　3回目□

1　×　誤り。職員は，当該職員の属する地方公共団体の区域の内外を問わず，政党その他の政治的団体の構成員になるように勧誘運動をすることができない（法36条①）。

2　×　誤り。職員は，当該職員の属する地方公共団体の区域の内外を問わず，特定の政党を支持する目的をもって，文書を地方公共団体又は特定地方独立行政法人の庁舎に掲示することができない（法36条②Ⅳ）。

3　○　正しい（法36条①）。

4　×　誤り。職員は，当該職員の属する地方公共団体の区域の外であれば，特定の政党又は地方公共団体の執行機関を支持する目的をもって，署名運動を企画することが許されている（法36条②ただし書）。

5　×　誤り。職員は，当該職員の属する地方公共団体の区域の外であれば，特定の政党又は内閣に反対する目的をもって，寄附金その他の金品の募集に関与することが許されている（法36条②ただし書）。

　　　　　　　　　　　　　　　　　　　　　　　　正　解　　3

●139 ★ 争議行為等の禁止 ①禁止行為と責任

　職員の争議行為の禁止に関する次の記述として妥当なのは，次のどれか。

1　職員の勤務条件の改善を目的として行われる争議行為については，禁止されていない。

2　職員が，勤務時間外に行うビラの配布等の宣伝活動も，地方公共団体の業務の正常な運営を阻害するものである場合は，争議行為に該当する。

3　争議行為が禁止されているのは，一般職員であり，地方公営企業の職員及び単純労務職員については禁止されていない。

4　争議行為を行ったことにより，地方公共団体に損害を与えた場合，職員はその損害について民事上の責任が問われることはない。

5　争議行為に参加した職員が懲戒処分を受けた場合，当該職員は，不利益処分に関する審査請求を行うことができる。

●140 ★★ 争議行為等の禁止 ②禁止行為と責任

　地方公務員法における職員の争議行為の禁止に関する次の記述として妥当なのは，次のどれか。

1　禁止されている争議行為とは同盟罷業のことであり，怠業的行為は，地方公共団体の活動能率を低下させるに過ぎないので禁止されていない。

2　職員が，職場で全員一斉に有給休暇届を提出して，職場を放棄・離脱した場合に，その行為が業務の正常な運営の阻害を目的とした場合であっても，有給休暇の正当な行使と解される。

3　争議行為を理由として懲戒処分を受けた職員は，争議行為を行ったかどうかという事実について争いがある場合においても，審査請求することが認められていない。

4　職員以外の者が，地方公務員法の全面適用を受ける一般職員の争議行為を計画したり助長したりする行為は禁止されていない。

5　争議行為により地方公共団体や住民に損害を与えた職員や職員団体は，民事上の不法行為としてその損害を賠償する責任を負う。

139 　正解チェック欄　　1回目□　2回目□　3回目□

1　×　誤り。職員の争議行為は，すべて禁止されている。

	団 結 権	団 体 交 渉 権	争議権
一般職員	保障（職員団体）	一部制限	禁 止
警察・消防職員	禁止	禁 止	禁 止
公営企業職員	保障（労働組合）	保 障	禁 止
単純労務職員	保障（職員団体又は労働組合）	保障（職員団体の場合一部制限）	禁 止
教　　員	保障	一部制限	禁 止

2　○　正しい。宣伝活動が，地方公共団体の業務の正常な運営を阻害するものである場合は，勤務時間の内外を問わず争議行為に該当する（行実昭28.9.24）。

3　×　誤り。地方公営企業の職員及び単純労務職員も，地方公営企業等の労働関係に関する法律11条及び同法附則5項で，争議行為が禁止されている。

4　×　誤り。職員団体又は労働組合は，民法上の不法行為（民法709条）として，その損害を賠償する責任を負う。

5　×　誤り（法37条②）。　　　　正 解　2

 140 　正解チェック欄　　1回目□　2回目□　3回目□

1　×　誤り。怠業的行為は，争議行為に至らない程度に地方公共団体の機関の活動能率を低下させる行為であるので，禁止されている（法37条①）。

2　×　誤り。このような行為は，「その実質は年次有給休暇に名を借りた同盟罷業にほかならない」とされている（最判昭48.3.2）。

3　×　誤り。職員は，原則として争議行為等の禁止に違反する処分に対して，不利益処分に関する審査請求を行うことができない。例外として，争議行為等を行ったかどうかについて争いになる場合には，審査請求を行うことができる。

4　×　誤り。違法な行為を企て，又はその遂行を共謀し，そそのかし，若しくはあおる行為は「何人」でも禁止されている（法37条①）。

5　○　正しい（民法709条）。

正 解　5

141 ★ 争議行為等の禁止 ③禁止行為と責任

職員の争議行為の禁止に関する次の記述として妥当なのは，次のどれか。

1 職員は，争議行為又は怠業的行為を行ってはならないが，経済的要求に基づくものに限って，これを行うことができる。

2 職員の争議行為等は禁止されているが，他の職員団体の労使紛争支援のための同情的な争議行為等は行うことができる。

3 職員は，争議行為を行ってはならないが，争議行為を実行した場合，刑事責任を問われることはない。

4 何人も，争議行為を助長する行為を行ってはならないが，争議行為を助長した場合，刑事責任を問われることはない。

5 何人も，争議行為を行ってはならないが，争議行為を実行した場合，その行為によって生じた地方公共団体の損害に対して，民事責任を問われることはない。

142 ★★ 争議行為等の禁止 ④あおる行為等

地方公務員法における職員の争議行為等の禁止に関する次の記述として妥当なのは，次のどれか。

1 職員の争議行為等をそそのかし又はあおる行為は，職員や職員団体以外の第三者が争議行為を煽動する行為をいう。

2 職員の争議行為等をそそのかし又はあおる行為は，実際に争議行為等が実行されなければ，当該行為として成立しない。

3 職員の争議行為等をそそのかし又はあおる行為は，職員に限らず，職員以外の第三者にも刑罰の適用がある。

4 職員の争議行為等をそそのかし又はあおる行為が，職員団体の指令に基づく場合は，当該職員団体が刑罰の対象となる。

5 争議行為のための会議の開催は，争議行為等を企て，又はその遂行を共謀する行為には含まれず，争議行為等の実行計画を作成する行為など具体性が伴って違法性を生じる。

141 正解チェック欄 1回目□ 2回目□ 3回目□

1　×　誤り。争議行為又は怠業的行為は，その目的のいかんを問わず，禁止されている。

2　×　誤り。同情的なものであれ，政治的課題を解決する政治ストであれ，目的のいかんを問わず許されない。

3　○　正しい。職員は，争議行為又はこれを助長する行為を行ってはならない（法37条①）が，争議行為の実行に対しては，刑罰の適用がなく，助長する行為に対してのみ罰則を課すこととしている。すなわち，何人たるを問わず，争議行為を共謀し，そそのかし，あおり，又はこれらの行為を企てた者は，3年以下の禁錮又は100万円以下の罰金に処せられる（法62条の2）。これは，争議行為を未然に防止することを主眼に置いたものと解される。

4　×　誤り。

5　×　誤り。民法709条に基づき不法行為による損害賠償の責任を問われることがある。民間企業の労働組合の場合，正当な争議行為という概念があり，民事責任が免責される（労組法8条）。

正解　3

142 正解チェック欄 1回目□ 2回目□ 3回目□

1　×　誤り。法37条は，「何人も」争議行為又は怠業的行為を企て，又はその遂行を共謀し，そそのかし，若しくはあおってはならないとしている。

2　×　誤り。争議行為に対する助長行為であるそそのかし又はあおる行為は，実際に争議行為が行われることを必要としない。公共の福祉に反する争議行為等が実行されるのを未然に防止するために，何人による準備行為まで禁止し，さらに独立の犯罪構成要件としているものである。

3　○　正しい。争議行為等を助長する行為は，「何人たるを問わず」3年以下の禁錮又は100万円以下の罰金に処せられる（法62条の2）。

4　×　誤り。職員団体の指令が，そそのかし又はあおる行為に該当する場合もあるが，職員団体自体が刑罰の適用を受けることはない。

5　×　誤り。争議行為のための会議の開催が争議行為等を企て，その遂行を共謀する行為等となる場合もある。

正解　3

🅠143 ★ 争議行為等の禁止 ⑤職種等による相違

　職員の争議行為等の禁止に関する次の記述として妥当なのは，次の
どれか。
1　地方公営企業の職員は，争議行為を禁止されていない。
2　単純労務職員は，争議行為を禁止されていない。
3　地方公営企業職員に対する職員及び組合員等以外の第三者による
　争議行為等を助長する行為は禁じられていない。
4　地方公営企業の職員又は組合員が，地方公営企業に対して同盟罷
　業，怠業その他の業務の正常な運営を阻害する行為をした場合で
　も，地方公共団体は解雇することはできない。
5　地方公営企業職員が争議行為を行ったときは，地方公営企業は
　ロックアウトでこれに対抗することができる。

🅠144 ★ 営利企業への従事制限 ①報酬と許可

　営利企業への従事等制限に関する記述として妥当なのは，次のどれか。
1　職員は，法律上営利を目的としないこととされている消費生活協
　同組合や中小企業協同組合の役員となる場合は，報酬の有無にかか
　わらず任命権者の許可を必要としない。
2　職員は，勤務時間内に国家公務員の職を兼ね報酬を受ける場合に
　おいて，営利企業へ従事する許可を任命権者より受けていれば，職
　務専念義務の免除を任命権者より受ける必要はない。
3　職員は，営利企業へ従事することについては，全体の奉仕者とし
　ての職務の公正な執行を害する恐れがあるので制限されており，こ
　の制限規定に違反した職員には刑罰が適用される。
4　職員は，任命権者の許可を受けなければ，給料，手当その他名称
　のいかんを問わず労働の対価として支払われる給付を得て，いかな
　る事業又は事務にも従事してはならない。
5　職員は，退職後も一定期間は営利企業への従事等制限を受けると
　規定されており，人事委員会規則で定める地方公共団体の機関と密
　接な関係にある営利企業等の役員に就くことができない。

143 　　**正解チェック欄** 　　1回目 □　2回目 □　3回目 □

1　×　誤り。地方公営企業の職員は，争議行為の禁止を定める法37条の適用がないが（法57条，地公企法39条），地方公営企業等の労働関係に関する法律11条1項により争議行為が禁止されている。

2　×　誤り。単純労務職員は，争議行為の禁止を定める法37条の適用がないが（法57条，地公企労法附則⑤，地公企法39条），地方公営企業等の労働関係に関する法律11条1項により争議行為が禁止されている。

3　○　正しい。地方公営企業等の労働関係に関する法律11条1項は，「職員並びに組合の組合員及び役員」に限定して争議行為等を助長する行為を禁止している。

4　×　誤り。地方公共団体は，地方公営企業等の労働関係に関する法律11条1項の規定に違反した職員を解雇することができる（地公企労法12条）。

5　×　誤り。地方公営企業職員が争議行為を行ったときでも，地方公営企業側は作業所閉鎖をしてはならない（地公企労法11条②）。

　　　　　　　　　　　　　　　　　　　　　　　　　　正　解　　3

 144 　　**正解チェック欄** 　　1回目 □　2回目 □　3回目 □

1　×　誤り。設問のような場合，報酬がなければ任命権者の許可を必要とせず，報酬があれば許可を必要とする（法38条①）。

2　×　誤り。職務専念義務の免除も受ける必要がある（行実昭27.10.10）。

3　×　誤り。刑罰の適用はない。

4　○　正しい（法38条①）。

5　×　誤り。営利企業への従事等制限は，退職後には適用されない。ただし，営利企業等に再就職した場合には，在職していた地方公共団体に対する働きかけが制限される，いわゆる退職管理の規定が適用される場合がある（法38条の2）。

　　　　　　　　　　　　　　　　　　　　　　　　　　正　解　　4

🅠145 ★ 営利企業への従事制限 ②許可の基準等

　営利企業への従事等制限に関する記述として妥当なのは，次のどれか。

1　職員の営利企業への従事等は，職務専念義務により原則として禁止されているが，職務専念義務の対象外である勤務時間外に従事することは禁止されていない。

2　職員の営利企業への従事等に関して任命権者が規則で許可の基準を定めることはできるが，その場合には，事前に人事委員会と協議しなければならない。

3　職員が，講演料や原稿料を得て講演や原稿執筆を行う場合には任命権者の許可を要するが，講演料や原稿料を得ないで行う場合には，任命権者の許可を要しない。

4　職員が，任命権者の許可なく，農業協同組合等の営利を目的としない団体の役員に就くことはできるが，報酬を得てこれらの団体の役員に就く場合には，任命権者の許可を要する。

5　職員が，任命権者の許可なく営利企業へ従事した場合には罰則が適用されるが，任命権者の許可を受けても職務専念義務の免除を得ずに従事した場合には懲戒処分の対象となる。

🅠146 ★★ 営利企業への従事制限 ③許可の要否

　営利企業への従事等制限に関する記述として妥当なのは，次のどれか。

1　職員は，任命権者の許可を受けなければ，報酬を得ていかなる事業又は事務にも従事することはできない。

2　職員は，休職中であれば，任命権者の許可を受けることなく，営利を目的とする会社の役員を兼ねることができる。

3　職員は，勤務時間外であれば，任命権者の許可を受けることなく，営利を目的とする農業を営むことができる。

4　職員は，勤務時間内の営利企業への従事について任命権者の許可を受けたときには，別に職務専念義務の免除又は年次有給休暇の承認を受ける必要はない。

5　職員は，職務と密接な関係のある営利企業に再就職しようとするときは，任命権者の許可を受けなければならない。

145 　正解チェック欄　　1回目□　2回目□　3回目□

1　×　誤り。職員の営利企業への従事等制限は，職員が職務に専念する環境を確保するとともに，職務の公正を保持することを目的としている。したがっていわゆる身分上の義務であり，勤務時間外に従事することも原則として禁止されている。

2　×　誤り。法38条2項は，職員の営利企業への従事等に関して人事委員会が規則で許可の基準を定めることができる旨を規定するにとどまり，任命権者がその基準を定める場合に，事前に人事委員会と協議しなければならないことまで規定していない。

3　×　誤り。職員が，講演料や原稿料を得て講演や原稿執筆を行う場合には，任命権者の許可を要しないと解されている。

4　○　正しい（行実昭26.5.14）。

5　×　誤り。職員が，任命権者の許可なく営利企業に従事した場合であっても，罰則の適用はない。営利企業への従事が勤務時間内であれば，職務専念義務の免除を得なかった場合，法35条違反として懲戒処分の対象となるので，後段は部分的に正しい。

　　　　　　　　　　　　　　　　　　　　　　正解　4

146 　正解チェック欄　　1回目□　2回目□　3回目□

1　○　正しい（法38条①）。

2　×　誤り。営利企業への従事等制限は身分上の義務であるので，休職中であっても営利を目的とする会社の役員を兼ねるには，任命権者の許可を受けることが必要であると解されている。

3　×　誤り。営利企業への従事等制限は，勤務時間の内外を問わず適用されるものと解されている。また，営利を目的とする私企業には，営利を目的とする限り農業も含まれる（行実昭26.5.14）。

4　×　誤り。営利企業への従事等の許可と職務専念義務免除の許可とはそれぞれ目的を異にしており，勤務時間内の営利企業への従事等の許可を受けたとしても，当該許可とは別に職務専念義務の免除の承認を受ける必要があると解されている。

5　×　誤り。営利企業に再就職することは任命権者の許可を要しないが，再就職後，退職管理としての制限がある（法38条の2）。

　　　　　　　　　　　　　　　　　　　　　　正解　1

🅟147 ★★ 営利企業への従事制限 ④許可の要否

営利企業への従事等制限に関する記述として妥当なのは，次のどれか。

1　職員は，農業協同組合，森林組合等の営利を目的としない団体の役員となって報酬を得ることについては，任命権者の許可は必要とされていない。

2　職員は，その家族が営む私企業の事務に従事して報酬を得ることについては，任命権者の許可を必要とされていない。

3　職員は，任命権者の許可を受けないで営利企業に従事した場合には，懲戒処分の対象となるほか，職員とその企業との契約が無効となる。

4　職員は，非常勤職員である場合でもすべて，報酬を得て営利企業に従事することについては，任命権者の許可が必要とされている。

5　職員は，地方公共団体の特別職の職を兼ねて，その報酬を得ることについては，任命権者の許可を得ることが必要であるとされている。

🅟148 ★★ 営利企業への従事制限 ⑤許可の要否

地方公務員法に定める営利企業への従事等制限に関する記述として妥当なのは，次のどれか。

1　職員は，自ら営利を目的とする私企業を営む場合であっても，報酬を得なければ，任命権者の許可を受ける必要はない。

2　職員は，営利を目的とする私企業を営むことを目的とする団体の役員になる場合であっても，報酬を得なければ，任命権者の許可を受ける必要はない。

3　職員は，自ら営利を目的とする私企業を営む場合であっても，勤務時間外であれば，任命権者の許可を受ける必要はない。

4　職員は，任命権者の許可を受けなければ，報酬を得ていかなる事業又は事務にも従事してはならない。

5　職員は，人事委員会の許可を受ければ，自ら営利を目的とする私企業を営むことができる。

147 正解チェック欄　1回目□　2回目□　3回目□

1　×　誤り。職員が農業協同組合，森林組合等の営利を目的としない団体の役員となることについて任命権者の許可は必要とされていないが，報酬を得ることは，任命権者の許可が必要となる（法38条①）。

2　×　誤り。職員が，その家族が営む私企業の事務に従事して報酬を得ることについては，任命権者の許可が必要である。

3　×　誤り。職員が，任命権者の許可を受けないで営利企業に従事した場合には，法38条違反として懲戒処分の対象とはなるが，職員とその企業との契約が無効となるわけではない。

4　×　誤り。非常勤職員は任命権者の許可を必要としない（法38条①ただし書）。ただし，非常勤職員のうち短時間勤務の職の職員及びフルタイムの会計年度任用職員については許可を必要とする。

5　○　正しい（行実昭26.3.12）。

正解　5

148 正解チェック欄　1回目□　2回目□　3回目□

1　×　誤り。職員は，自ら営利を目的とする私企業を営む場合には，無報酬であっても，任命権者の許可が必要である（法38条①）。

2　×　誤り。職員は，営利を目的とする私企業を営むことを目的とする団体の役員になる場合には，無報酬であっても，任命権者の許可を受ける必要がある（法38条①）。

3　×　誤り。営利企業への従事等制限は，身分上の義務とされ，勤務時間の内外を問わず適用がある。したがって職員は，自ら営利を目的とする私企業を営む場合には，たとえ勤務時間外であっても，任命権者の許可を受ける必要がある（行実昭26.12.12）。

4　○　正しい（法38条①）。

5　×　誤り。営利企業への従事等の許可は，人事委員会ではなく，任命権者から受ける必要がある（法38条①）。

正解　4

149 ★ 営利企業への従事制限 ⑥許可の要否

　地方公務員法に定める営利企業への従事等制限に関する記述として妥当なのは，次のどれか。

1　職員は，農業を営むときは，営利を目的とする場合であっても，任命権者の許可を必要としない。
2　職員は，農業協同組合の無給役員になる場合には，任命権者の許可を必要としない。
3　職員は，寺院の住職の職を兼ね，法要を営む際などに御布施を受けている場合には，任命権者の許可を必要とする。
4　職員が国家公務員の職を兼ねることは，職務に専念する義務の違反や重複給与になるおそれがあるため，いかなる場合も任命権者は許可できないとされる。
5　職員は，営利会社の株主として配当を受けている場合には，任命権者の許可を必要とする。

150 ★★ 退職管理 ①依頼等の規制

　地方公共団体を離職後に営利企業等に再就職した元職員は，離職前の職務に関して，当該地方公共団体の職員へ契約事務等の要求や依頼などの働きかけが禁止される場合がある。このことに関して妥当なのは，次のどれか。

1　働きかけが禁止されるのは，離職後3年間である。
2　働きかけが禁止されるのは，離職前3年間の職務に属するものに関してである。
3　働きかけが禁止されるのは，離職後に営利企業に再就職した場合に限られ，非営利法人に再就職した場合は該当しない。
4　働きかけが禁止されるのは，臨時的に任用された職員であった者は除かれるが，条件付採用期間中の職員であった者も含まれる。
5　働きかけが禁止されるのは，契約事務だけでなく，当該営利企業等に対して行われる行政手続法上の処分に関しても対象となる。

149 | 正解チェック欄 | 1回目 □ | 2回目 □ | 3回目 □

1　×　誤り。職員が，営利を目的とする農業を営むときは，任命権者の許可を必要とする（法38条①，行実昭26.5.14）。

2　○　正しい（行実昭26.5.14）。

3　×　誤り。職員が寺院の住職の職を兼ね，法要を営む際などに御布施を受けている場合に，御布施は一般的に「報酬」とは考えられないので任命権者の許可を必要としない（行実昭26.6.20）。

4　×　誤り。法令等に当該職員の職務が兼務できない規定がない限り，それぞれの任命権者の許可があれば可能である（行実昭27.10.10）。

5　×　誤り。任命権者の許可が必要なのは，営利企業を営むとき，役員等になるとき及び報酬を得て事務事業に従事するときである。営利会社の株主として配当を受けている場合には，このいずれにも当たらない。

正 解　2

150 | 正解チェック欄 | 1回目 □ | 2回目 □ | 3回目 □

1　×　誤り。働きかけが禁止されるのは，離職後2年間である（法38条の2①）。

2　×　誤り。離職前5年間の職務に属するものに関して，働きかけが禁止される（法38条の2①）。また幹部職員であった元職員については，離職前5年より前の職務に関する働きかけも禁止される（法38条の2④，なお法38条の2⑧参照）。

3　×　誤り。再就職先が営利企業に限らず，非営利法人（国，地方公共団体，特定独立行政法人などを除く）であっても，働きかけ規制の対象となる（法38条の2①）。

4　×　誤り。臨時的に任用された職員や条件付採用期間中の職員は，対象から除外される（法38条の2①）。

5　○　正しい。働きかけが禁止されるのは，売買，貸借，請負その他の契約だけでなく，行政手続法2条2号に規定する処分（許可，認可，命令，確認など）に関しても対象となる（法38条の2①）。

正 解　5

Q151 ★ 退職管理 ②依頼等の規制

　地方公務員法が定める退職管理に関する記述として妥当なのは，次のどれか。

1　職員は，禁止されている要求や依頼を再就職者から受けたときは，人事委員会又は公平委員会に届け出ることができる。
2　任命権者は，違反行為の疑いを把握したときは，人事委員会又は公平委員会に報告をすることができる。
3　任命権者は，違反行為に関して調査を開始するときは人事委員会又は公平委員会に通知をする必要はないが，調査を終了したときは報告をしなければならない。
4　人事委員会又は公平委員会は，違反行為があると思料するときは，任命権者に対して，調査を行うように求めることができる。
5　人事委員会又は公平委員会は，任命権者が行う調査の経過について，報告を求めなければならない。

Q152 ★ 退職管理 ③依頼等の規制

　地方公務員法が定める再就職者による依頼等の規制の記述として妥当なのは，次のどれか。

1　働きかけが禁止されるのは，離職後２年間であり，それ以降は働きかけが禁止されることはない。
2　試験や検査など行政上の事務を行政庁から委託を受けた者が行う委託の遂行に必要な場合であっても，依頼や要求は禁止される。
3　地方自治法の規定する一般競争入札の手続きに従い，売買その他の契約を締結するのに必要な場合は，依頼等の規制は適用されない。
4　働きかけが禁止される対象から，非常勤職員であった者は除かれるため，定年退職者等の再任用で短時間勤務の職を占める職員であった者も除かれる。
5　働きかけが禁止されるのは，契約事務や行政手続法上の処分に関してだけでなく，処分を求める申請についても対象となる。

151 　　正解チェック欄　　| 1回目 | 2回目 | 3回目 |

1　×　誤り。職員は，働きかけ規制に違反する要求や依頼を受けたときは，人事委員会又は公平委員会に届け出なければならない（法38条の2⑦）。

2　×　誤り。任命権者は，違反行為の疑いを把握したときは，人事委員会又は公平委員会に報告しなければならない（法38条の3）。

3　×　誤り。任命権者は，人事委員会又は公平委員会に対して，違反行為に関して調査を開始するときは通知を，また調査を終了したときは報告をしなければならない（法38条の4①，③）。

4　○　正しい（法38条の5①）。

5　×　誤り。人事委員会又は公平委員会は，任命権者が行う調査の経過について，報告を求めることができる（法38条の4②）。

| 正 解 　4 |

152 　　正解チェック欄　　| 1回目 | 2回目 | 3回目 |

1　×　誤り。再就職者が，地方公共団体に在職していた時に，当該再就職先の営利法人等との契約を自らが決定していた場合などは，その契約に関する働きかけの禁止には，時間的な制約はない（法38条の2⑤）。

2　×　誤り（法38条の2⑥Ⅰ）。

3　○　正しい（法38条の2⑥Ⅳ）。

4　×　誤り。臨時的に任用された職員，条件付採用期間中の職員及び非常勤職員は，対象から除外されるが，非常勤職員中，再任用の短時間勤務の職を占める職員は除外されない（法38条の2①）。

5　×　誤り。売買，貸借，請負その他の契約及び，行政手続法2条2号に規定する処分（許可，認可，命令，確認など）に関して，働きかけが禁止される（法38条の2①）が，行政手続法2条3号の申請又は同条7号の届出を行う場合は適用除外される（法38条の2⑥Ⅲ）。

| 正 解 　3 |

🅟153 ★ 退職管理 ④講ずる措置

　地方公共団体は，退職管理の適正を確保するために必要と認められる措置を講ずるものとされているが，これに関する記述として妥当なのは，次のどれか。

1　措置の例として，職員又は元職員に対して営利企業等への再就職情報の届出を義務づけることが想定される。この場合，条例による必要はない。

2　措置の例として，職員又は元職員の営利企業等への再就職情報を公表することが想定される。この公表には，無報酬や一定の報酬額以下の場合を除くことは許されない。

3　措置の例として，職員が他の職員又は元職員の再就職を斡旋をすることを制限することが想定される。この制限には，職員及び他の職員又は元職員が再就職先と職務上利害関係のない場合は適用除外にできる。

4　措置の例として，職員が在職中に個人的に何らかの関係のあった企業等に求職活動することを一律に制限することが想定される。

5　措置の例として，外郭団体等へ再就職する場合，報酬水準等の制限を再就職先に要請することが想定される。

🅟154 ★ 研　修

　地方公務員法に定める職員の研修に関する記述として妥当なのは，次のどれか。

1　地方公務員法には，職員は全体の奉仕者としての職務能率を向上させるため，自己啓発に努めなければならないと規定されている。

2　人事委員会は，研修の目標，研修に関する計画の指針となるべき事項，その他研修に関する基本的な方針を定めなければならない。

3　人事委員会は，研修に関する計画の立案その他研修の方法について任命権者に対し勧告することができる。

4　研修は，任命権者が自ら主催して行うものであり，特定の教育機関に入所を命じる場合は研修に該当しない。

5　研修は，職務に付随して行われるものであるから必ず職務命令の形式をとらなければならない。

153 | 正解チェック欄 | 1回目 ☐ | 2回目 ☐ | 3回目 ☐

1　×　誤り。地方公共団体は，退職管理の円滑な実施を図るための措置を講ずるために必要と認めるときは，条例で届出義務を課することができる（法38条の6②）。

2　×　誤り。国家公務員法106条の25・2項では，同法106条の24・2項の届出（無報酬や一定の報酬額以下の場合を除く）に基づく報告を取りまとめて公表するものとしている（法38条の6①）。

3　×　誤り。国家公務員法106条の2・1項は利害関係企業に限定していない。

4　×　誤り。国家公務員法106条の3・1項は営利企業等のうち，職員の職務に利害関係を有する利害関係企業に限定して求職活動を禁ずる。一律な制限は，職業選択の自由を阻害することになり許されない。

5　○　正しい。

正　解　5

154 | 正解チェック欄 | 1回目 ☐ | 2回目 ☐ | 3回目 ☐

1　×　誤り。職員が自己啓発に努めることは当然のことであるので地方公務員法には規定されていない。なお，職員には研修を受ける機会が与えられなければならず（法39条①），任命権者には研修を行う責務がある（法39条②）。

2　×　誤り。基本的な方針等を定めるのは地方公共団体である（法39条③）。

3　○　正しい。人事委員会は勧告することができる（法39条④）。

4　×　誤り。研修は任命権者が行うものであるが，任命権者が自ら主催して行う場合に限らず，他の機関に委託して行う場合や特定の教育機関への入所を命じる場合も含まれる（行実昭30.10.6）。

5　×　誤り。研修を職員に参加させる場合の身分取扱いとしては，職務命令により職務の一環として参加させる方法のほか，職務専念義務を免除する方法で参加させる方法もある。

正　解　3

Q155 ★ 福利厚生制度 ①

職員の福利厚生制度に関する記述として妥当なのは，次のどれか。

1　厚生制度は，職員の健康の維持・増進のためだけでなく，病気・災害の際の一定の給付や補償も含んだ職員相互の救済制度である。

2　人事委員会は，福利厚生制度について調査・研究を行い，その成果を地方公共団体の議会若しくは長又は任命権者に提出することができる。

3　厚生制度は，地方公共団体が計画を樹立し自ら実施するものであるので，厚生制度を実施するための費用について職員から徴収することはできない。

4　厚生制度の具体例としては，健康診断の実施や元気回復のためのスポーツ事業などがあるが，職員の文化活動に対する支援は該当しない。

5　地方公務員法では，職員の福祉及び利益の保護は適切かつ公正でなければならないと規定されているが，職員は，この規定を根拠に福祉や利益の保護について具体的な請求をすることができる。

Q156 ★ 福利厚生制度 ②

職員の共済制度に関する記述として妥当なのは，次のどれか。

1　地方公務員法に定める共済制度とは，職員又はその被扶養者に病気，死亡，災害などの事故が生じた場合に給付を行う制度であるが，退職年金など退職に係る給付は別の制度により運営される。

2　共済制度の実施主体は共済組合であるが，これは地方公共団体の機関として条例に基づき設置されるものである。

3　共済制度は，職員相互の救済を目的とするものであるから，共済事業に要する費用は職員が負担する。

4　共済組合が行う組合員の資格若しくは給付に関する決定などに関し不服がある場合であっても，審査請求をすることはできない。

5　共済制度は，相互救済の性格のほか，社会保険制度としての性格も有しており，共済事業の中に民間労働者に適用される健康保険制度や厚生年金制度に相当する給付がある。

155 　　正解チェック欄　　 1回目 ☐　2回目 ☐　3回目 ☐

1　×　誤り。地方公務員法では，厚生制度とは職員の保健，元気回復等，健康の維持・増進に関する制度をいい，共済制度や公務災害補償制度は含まれない（法42条）。

2　○　正しい。法8条1項2号に人事委員会の権限として規定されている。

3　×　誤り。職員の厚生制度は地方公共団体が計画・実施し，その費用は地方公共団体が負担するが，職員の自主的なサークル活動や互助会が実施する事業などでは，職員に費用の一部を負担させることもできる。

4　×　誤り。文化活動に対する支援も職員の元気回復のための事業の一つであり，厚生制度に含まれるものである。

5　×　誤り。法41条の規定は，職員の福祉及び利益の保護が適切かつ公正であるべきことを訓示したものに過ぎず，この規定をもって直ちに職員に請求権が生ずるものではない。

正解　2

156 　　正解チェック欄　　 1回目 ☐　2回目 ☐　3回目 ☐

1　×　誤り。共済制度には退職年金に関する制度が含まれていなければならない（法43条②）とされ，共済事業の中で長期給付として退職共済年金等が運営されている。

2　×　誤り。共済組合は，地方公共団体の機関ではなく地方公務員等共済組合法に基づき設置される別の法人である（法43条⑥）。

3　×　誤り。共済事業に要する費用は，共済組合の組合員である職員の掛金と地方公共団体の負担金によって賄われる。

4　×　誤り。地方公務員共済組合審査会に審査請求できる（地方公務員等共済組合法117条）。

5　○　正しい。健康保険に相当する短期給付と厚生年金に相当する長期給付が共済事業として運営されている。

正解　5

🅠157 ★ 執務環境（安全衛生）

職員の執務環境に関する記述のうち妥当なのは，次のどれか。

1　職員の安全に関する地方公共団体の義務を明確に定めた法律は，労働安全衛生法や消防法など，多数ある。

2　労働安全衛生法は，職務遂行上，労働者の生命及び健康などを危険から保護するように配慮すべき義務，いわゆる安全配慮義務を地方公共団体が負うことを明確に規定している。

3　地方公務員法は，職員の保健，元気回復その他厚生に関する事項について計画を樹立し，実施すべき義務を地方公共団体が負うことを明確に規定している。

4　職場の安全衛生など職員の執務環境に関する事項は，給与や勤務時間などのように数字に表せないので，勤務条件に当たらない。

5　法律により，嫌煙権と分煙措置がそれぞれ法的権利あるいは法的義務として確立されてはいない。ただし，近年の判例では，受動喫煙防止に必要な措置を講ずる義務を，単なる努力義務ではなく，一般的な安全配慮義務であるとして，その不履行による損害賠償責任を認める傾向がある。

🅠158 ★ 公務災害補償 ①意義

公務災害補償に関する記述として妥当なのは，次のどれか。

1　公務災害補償は，公務上の負傷又は疾病に対して療養を行い，又はその費用を支給するほか，その療養のために勤務することができない期間における給与所得の補償も行うものである。

2　公務災害補償では，その災害が公務に起因するものであれば，被災者の身体的損害だけでなく，物的損害や精神的損害についても補償の対象とされている。

3　公務災害補償は，地方公共団体の職員が公務上の災害を受けた場合に，その災害によって職員本人が受けた損害を補償する制度であり，その被扶養者に対する補償は含まれていない。

4　公務災害補償の対象となる職員は，一般職の職員のうち常勤の職員及び一定の要件を満たす非常勤職員であって，特別職は対象とはならない。

5　公務災害補償では公務上の災害を補償の対象としているが，公務上の災害と認定されるためには，その災害が公務遂行性を有することが必要とされているが，公務起因性は必要とされていない。

157　　正解チェック欄　　1回目□　2回目□　3回目□

1　×　誤り。職員の安全に関する地方公共団体の義務を定めた法律は，多くない。明確に規定しているのは労働安全衛生法ぐらいである。

2　×　誤り。労働安全衛生法は，作業場の安全措置について規定しているが，判例（最判昭50.2.25）で確立された安全配慮義務を明文で規定しているわけではない。

3　○　正しい。地方公務員法は，単なる安全や衛生の確保から一歩進んだ厚生活動をも地方公共団体の義務としている（法42条）。

4　×　誤り。安全かつ快適な執務環境も，重要な勤務条件のひとつである。

5　×　誤り。地方公共団体の施設における喫煙に関しては，判例ではなく，法律によって規制される。すなわち健康増進法により，その庁舎においては何人も特定野外喫煙場所等を除き，喫煙を禁じられ，管理権限者はそのための必要な措置に努めなければならない（健康増進法29条，同法30条）。

> 正解　3

158　　正解チェック欄　　1回目□　2回目□　3回目□

1　○　正しい。補償の種類のうち，療養補償及び休業補償に関する記述である。

2　×　誤り。補償の対象となるのは職員が受けた身体的損害であり，精神的損害や物的損害は補償の対象とはならない。

3　×　誤り。公務災害補償は，職員だけでなく，その被扶養者・遺族に対する補償も含まれる。

4　×　誤り。公務災害補償の対象者は，一般職の職員だけでなく，常勤の勤務形態である特別職も含まれる。

5　×　誤り。公務上の災害と認定されるには「公務起因性」と「公務遂行性」が必要である。公務起因性とは災害の発生が職務遂行と相当因果関係にあることをいい，公務遂行性とは任命権者が管理している公務に従事しているときに災害が発生していることをいう。

> 正解　1

◎159 ★ 公務災害補償 ②適用

　地方公務員法における公務災害補償に関する記述として妥当なのは，次のどれか。

1　公務災害補償制度は，公務上の災害について民法上の過失責任が問われる場合に限り適用される。

2　公務災害補償制度は，地方公共団体の職員に過失があって災害が発生した場合には適用されない。

3　公務災害補償制度は，公務上の災害の発生原因が第三者の加害行為による場合も適用される。

4　公務災害補償制度は，公務上の災害の発生について，地方公共団体に過失があり，かつ，職員に過失がない場合に適用される。

5　公務災害補償制度は，公務上の災害の発生について過失の有無を問わないで適用されるのが原則であるが，通勤災害については職員に過失がない場合に限り適用される。

◎160 ★ 公務災害補償 ③認定

　地方公務員公務災害補償制度に関する記述として妥当なのは，次のどれか。

1　地方公務員災害補償基金が行う補償制度の対象は，一般職，特別職を問わず，すべての常勤職員及びすべての非常勤職員である。

2　公務上の災害の認定については，使用者である地方公共団体の過失責任主義が採られており，補償の対象には，身体的損害のほか物的損害も含まれる。

3　公務上の災害については，災害が使用者の支配管理下で発生したという公務遂行性と，災害の発生が職務遂行と相当因果関係にあるという公務起因性をもつことが認定の要件である。

4　職員が公務運営上の必要により入居が義務づけられている宿舎において，宿舎の瑕疵によって負った負傷については，公務上の災害にはならず，民法上の損害賠償制度の対象となる。

5　通勤途上の災害については，往復の経路の逸脱又は中断があったときは，その理由と程度を問わず，逸脱又は中断の後の経路で起きた災害は，公務災害に認定されない。

159　| 正解チェック欄　| 1回目□　2回目□　3回目□

1　×　誤り。民法では損害賠償責任について過失責任を原則としているが，公務災害補償については地方公共団体の過失を要件としていない。

2　×　誤り。被災者である職員に過失がある場合であっても，重大な過失がない限り補償の対象になる（地方公務員災害補償法30条）。

3　○　正しい。災害が業務に起因し，かつ，業務遂行中に発生したものであれば，第三者の加害行為による場合も公務災害補償の対象となる（地方公務員災害補償法59条参照）。

4　×　誤り。地方公共団体の過失の有無を問わず適用され，また，職員も重大な過失がない限り補償制度が適用される。

5　×　誤り。通勤災害についても，職員に重大な過失がない限り補償制度が適用される。

|正　解　3|

160　| 正解チェック欄　| 1回目□　2回目□　3回目□

1　×　誤り。地方公務員災害補償基金が行う補償制度の対象となる職員は，常時勤務に服することを要する地方公務員であり，一般職，特別職を問わない。また，①任用継続，②一定条件で12か月を超えて勤務するフルタイム会計年度任用職員は対象となる。非常勤職員のうち，議会の議員や行政委員会の委員，嘱託員，前述の要件を満たさない会計年度任用職員などについては，条例で公務災害補償制度を定めなければならないとされる（地方公務員災害補償法69条）。

2　×　誤り。公務災害の認定については，地方公共団体の無過失責任主義が採られ，また補償の対象には物的損害は含まれない。

3　○　正しい（最判昭51.11.12）。

4　×　誤り。公務上の災害となり得る（地方公務員災害補償基金の認定基準）。

5　×　誤り。往復の経路の逸脱又は中断が，日用品の購入など日常生活上やむを得ない理由による最小限のものである場合は，通勤途上の災害となり得る（地方公務員災害補償法2条③）。

|正　解　3|

🅠161 ★★ 措置の要求　①制度の意義

　地方公務員法に規定する勤務条件に関する措置の要求に関する記述として妥当なのは，次のどれか。

1　この制度は，職員が監査委員に対して，勤務条件について地方公共団体の当局が適当な措置を執るべきことを要求するものである。
2　この制度は，職員が人事委員会又は公平委員会に対して，勤務条件について地方公共団体の当局が適当な措置を執るべきことを要求するものである。
3　この制度は，職員が地方公共団体の長に対して，勤務条件について地方公共団体の当局として適当な措置を執るべきことを要求するものである。
4　この制度は，職員団体が人事委員会又は公平委員会に対して，勤務条件について地方公共団体の当局が適当な措置を執るべきことを要求するものである。
5　この制度は，職員が労働委員会に対して，勤務条件について地方公共団体の当局が適当な措置を執るべきことを要求するものである。

🅠162 ★★★ 措置の要求　②要求者

　地方公務員法に規定する勤務条件に関する措置の要求に関する記述として妥当なのは，次のどれか。

1　措置要求は，職員個人に限らず複数の職員が共同して行うことができるが，職員が他の職員からの委任に基づき代理人として行うことはできない。
2　措置要求は，職員のうち地方公営企業の職員や単純労務職員はすることができない。
3　措置要求は，職員である限り過去の勤務条件についても行うことができるので，退職者であっても退職手当についてできる。
4　措置要求は，職員のうち臨時職員や条件付採用期間中の職員はすることができない。
5　措置要求は，職員個人に限られず，職員団体も職員全体の勤務条件の維持・増進のため，職員を代表してすることができる。

161 　正解チェック欄　　1回目☐　2回目☐　3回目☐

1　×　誤り。措置要求の制度は，監査委員ではなく，人事委員会又は公平委員会に対して要求するものである。

2　○　正しい。職員は給与，勤務時間その他の勤務条件に関し，人事委員会又は公平委員会に対して地方公共団体の当局が適当な措置を執るべきことを要求することができる（法46条）。

3　×　誤り。職員が人事委員会又は公平委員会に対して要求するものである。

4　×　誤り。職員団体は措置要求をすることはできない（行実昭26.11.21）。

5　×　誤り。措置要求を行う相手方は，労働委員会でなく，人事委員会又は公平委員会である。

　　　　　　　　　　　　　　　　　　　　　　　　正　解　　2

 162 　正解チェック欄　　1回目☐　2回目☐　3回目☐

1　×　誤り。職員が他の職員から民法上の委任による代理権に基づき措置要求を行うことは差し支えないこととされている（行実昭32.3.1）。

2　○　正しい。地方公営企業の職員や単純労務職員は，勤務条件を団体交渉によって定め，また労働委員会による労使紛争処理の制度があるため措置要求は認められていない（法57条，地公企労法附則⑤，地公企法39条①）。

3　×　誤り。前段はそのとおり。既に退職した職員は，現に職員たる地位を有しないので措置要求はできず退職手当について要求できない（行実昭27.7.3）。

4　×　誤り。職員である限り臨時職員や条件付採用期間中の職員，会計年度任用職員も措置要求できる。

5　×　誤り。措置要求を行うことができるのは職員であり，職員団体が措置要求をすることはできない（行実昭26.11.21）。

　　　　　　　　　　　　　　　　　　　正　解　　2

🅠163 ★ 措置の要求 ③対象

　地方公務員法に規定する勤務条件に関する措置の要求に関する記述として妥当なのは，次のどれか。

1　勤務条件に関する措置要求の対象は，給与，勤務時間その他の勤務条件であるが，条例で定められている事項は除かれる。

2　措置要求は，職員の服務に関する事項についてすることはできるが，職員の安全，衛生に関する事項についてはすることができない。

3　職員の定数は，職員の事務量等に影響を及ぼすものであるから，職員の定数それ自体を措置要求の対象とすることができる。

4　地方公共団体の当局が職員の勤務条件を変更しようとする場合，職員が現在の勤務条件の変更を行わないことを求めて措置要求することはできない。

5　職員住宅の設置の要求が予算の増額を要する場合であっても，それ自体は勤務条件であるので措置要求をすることができる。

🅠164 ★ 措置の要求 ④要求者及び対象

　地方公務員法に規定する勤務条件に関する措置の要求に関する記述として妥当なのは，次のどれか。

1　勤務条件に関する措置要求は，要求中に死亡した職員の遺族も引き続き行うことができる。

2　勤務条件に関する措置要求は，一般職であればこれを行うことができる。

3　職員は，公務災害補償制度の充実について，勤務条件に関する措置要求をすることができる。

4　職員は，旅費や時間外勤務手当等の予算の増額に関する事項について，勤務条件に関する措置要求をすることができる。

5　措置要求は，職員個人の利害に関する勤務条件だけが対象であり，他の職員の勤務条件の改善を求めることはできない。

163 　正解チェック欄　　1回目□　2回目□　3回目□

1　×　誤り。条例で定められていても勤務条件である以上措置要求の対象となる（行実昭28.8.15）。

2　×　誤り。職員の服務に関する事項自体は，勤務条件ではないとされている（行実昭27.4.2）。しかし，職員の安全，衛生といった執務環境に関する事項は勤務条件であるから，措置要求の対象となる。

3　×　誤り。職員の定数それ自体に関することは，勤務条件ではない（行実昭33.10.23）。

4　×　誤り。現在の勤務条件を変更しないように求めることもできる（行実昭33.11.17）。

5　○　正しい。職員定数，人事評価，組織変更，予算の増減等は措置要求の対象とならないが，これらに関係する事項であっても勤務条件に該当する限り措置要求の対象となる。

　　　　　　　　　　　　　　　　　　　　　　　　正解　5

164 　正解チェック欄　　1回目□　2回目□　3回目□

1　×　誤り。職員が要求中に死亡した場合は，その地位が遺族に継承されることはなく，職員死亡時点で措置要求の審査は中止される。

2　×　誤り。一般職の中でも地方公営企業の職員及び単純労務職員は措置要求を行うことができない。会計年度任用職員については，法に定める常勤職員と同様の勤務条件に関する交渉制度が適用され，団体行動権制限の代償措置として措置要求が認められる。

3　○　正しい。公務災害の認定，療養の方法，補償金額の決定等については地方公務員災害補償法に基づく審査の申立て制度があるので措置要求をすることはできないが，公務災害補償の制度を現在より一層充実させることなどについては措置要求することができる。

4　×　誤り。予算の増額に関することは管理運営事項に属するので措置要求の対象とはならない（行実昭34.9.9）。

5　×　誤り。措置要求は，他の職員にかかる勤務条件であっても，措置要求を妨げるものではない（行実昭26.8.15）。

　　　　　　　　　　　　　　　　　　　　　　　　正解　3

165 ★ 措置の要求 ⑤手続き

地方公務員法に規定する勤務条件に関する措置の要求に関する記述として妥当なのは，次のどれか。

1 措置要求の審査は，職権に基づいて適当な方法で行えばよく，要求者から請求があった場合であっても口頭審理を行う必要はない。
2 措置要求は，要求した職員が人事委員会又は公平委員会の判定に不服があっても，同一の事項について改めて措置要求をすることはできない。
3 人事委員会は，職員の措置要求について，当該要求事項の権限を有する地方公共団体の機関に対し強制的な措置を命ずることができる。
4 措置要求についての判定及び勧告は，法的な拘束力を有するものであり，判定又は勧告に不服がある者は再審を要求することができる。
5 最高裁の判例では，職員の措置要求に対し人事委員会又は公平委員会が行う判定は抗告訴訟の対象にはならないとしている。

166 ★★ 措置の要求 ⑥審査請求との比較

地方公務員法に規定する勤務条件に関する措置の要求と不利益処分に関する審査請求についての記述として妥当なのは，次のどれか。

1 勤務条件に関する措置要求をすることができる者には退職した職員など現に職員でない者も含まれるが，不利益処分に関する審査請求の場合は現に職員である者に限られる。
2 勤務条件に関する措置要求に係る人事委員会の判定及び勧告は法的な拘束力を持たないが，不利益処分に関する審査請求に係る人事委員会の判定は法的な拘束力を持つ。
3 勤務条件に関する措置要求は，代理人に委任できるが，不利益処分に関する審査請求は代理人に委任できない。
4 勤務条件に関する措置要求をすることができる者には不利益処分に関する審査請求とは異なり，臨時的任用職員は含まれない。
5 勤務条件に関する措置要求の場合は，審査を行う際に必要があれば証人喚問や書類の提出を求めることができるが，これに応じないと不利益処分に関する審査請求の場合と異なり，罰則の適用がある。

165 　正解チェック欄　1回目□　2回目□　3回目□

1 ○ 正しい。措置要求の審査の方法について制限はなく事案の内容によって書面審理だけでも，口頭審理と書面審理の併用でもかまわない。

2 × 誤り。措置要求に対し再審の手続きを取ることは認められていないが，一事不再理の原則の適用がないので改めて措置要求することは可能である。

3 × 誤り。必要な勧告をするだけにとどまる。

4 × 誤り。法的拘束力はなく，再審の手続きをとることは認められていない（行実昭33.12.18）。

5 × 誤り。判例では，措置要求の制度は，職員の権利・法的利益を保障する制度であるから，措置要求を違法に却下したり審査手続きが違法である場合には職員の権利の侵害又は法的利益を侵害することになるので，措置要求に関する判定は，取消訴訟の対象となる行政処分に該当するとしている（最判昭36.3.28）。

正　解　1

166 　正解チェック欄　1回目□　2回目□　3回目□

1 × 誤り。措置要求をすることができる者は，現に職員たる地位を有する者に限られるが，審査請求は不利益処分を取り消し又は修正することに実益がある限り，現に職員でない者もすることができる。

2 ○ 正しい。措置要求についての判定及び勧告には法的な拘束力はないが，不利益処分に関する審査請求に係る判定には形成的効力がある。

3 × 誤り。勤務条件に関する措置要求も不利益処分に関する審査請求も，ともに代理人に委任することができる。

4 × 誤り。臨時的任用職員には不利益処分に関する審査請求の規定は適用されないが，措置要求に関する規定は適用される。

5 × 誤り。不利益処分に関する審査請求の場合は，証人喚問や書類提出に応じない者に対する罰則の定めがある（法60Ⅰ）が，措置要求についてはその場合の罰則の定めはない。

正　解　2

🔵167 ★ 審査請求 ①制度の意義

　地方公務員法に定める不利益処分に関する審査請求の記述として妥当なのは，次のどれか。

1　不利益処分に関する審査請求は，職員の身分保障を実質的に担保するために，職員が違法又は不当な不利益処分を受けた場合に救済を行うための制度である。

2　不利益処分に関する審査請求は，公務員の労働基本権の制限の代償として設けられた制度である。

3　不利益処分に関する審査請求は，行政不服審査法に基づき任命権者に対し行うことができる。

4　職員は，給与，勤務時間その他の勤務条件に関し不利益処分を受けたときは，労働委員会に対し審査請求を行うことができる。

5　職員又は職員団体は給与，勤務時間その他の勤務条件に関し不利益処分を受けたときは，労働基準監督署に対して審査請求を行うことができる。

🔵168 ★ 審査請求 ②請求者

　地方公務員法に定める不利益処分に関する審査請求の記述として妥当なのは，次のどれか。

1　職員は，懲戒その他その意に反する不利益処分を受けた場合は，審査請求を行うことを認められており，地方公営企業の職員や単純労務職員も人事委員会に対し審査請求を行うことができる。

2　不利益処分に関する審査請求は，その意に反する不利益な処分を受けた職員に限らず，権利や利益に関係のある職員であれば誰でも行うことができる。

3　不利益処分に関する審査請求は，条件付採用期間中の職員であっても行うことができる。

4　不利益処分に関する審査請求をすることができるのは，その意に反する不利益な処分を受けた職員であるが，現に職員でない者は審査請求を行うことができない。

5　不利益処分に関する審査請求は，その意に反する不利益な処分を受けた職員に認められる制度であるが，代理人による審査請求も認められる。

167　　正解チェック欄　　1回目 ☐　2回目 ☐　3回目 ☐

1　○　正しい。公共の利益のための職務に従事する職員には強い身分保障があり，この身分保障を担保するため設けられた制度である。

2　×　誤り。不利益処分に関する審査請求は労働基本権の制限の代償として認められたものではなく，違法又は不当な不利益処分から職員を救済するための制度である。

3　×　誤り。不利益処分に関する審査請求は人事委員会又は公平委員会に対し行うことができる。

4　×　誤り。労働委員会ではなく人事委員会又は公平委員会に対し行うものである。

5　×　誤り。職員団体は審査請求を行うことができない。また，労働基準監督署に対してではなく人事委員会又は公平委員会に対して行うものである。

正解　1

168　　正解チェック欄　　1回目 ☐　2回目 ☐　3回目 ☐

1　×　誤り。地方公営企業の職員及び単純労務職員は，人事委員会の管轄外にあるので不利益処分に関する審査請求の制度は適用されない（地公企法39条①，地公企労法附則⑤）。

2　×　誤り。審査請求は，不利益な処分を受けた職員のみがすることができる（法49条の2①）。

3　×　誤り。条件付採用期間中の職員は行政不服審査法の適用を受けない（法29条の2①）。臨時的に任用された職員も同様である。なお，会計年度任用職員については，一般職の非常勤の職として地方公務員法上の身分保障の適用があり，当然審査請求が認められる。

4　×　誤り。不利益処分を受けた職員は，現に職員である者に限らない。例えば，免職処分を受けた者はその処分の審査請求ができる。

5　○　正しい。代理人による審査請求も差し支えないものとされている（行実昭28.6.29）。

正解　5

Ⓟ169 ★ 審査請求 ③対象

不利益処分に関する審査請求の記述として妥当なのは，次のどれか。

1 不利益処分に関する審査請求の対象となる処分は，懲戒処分その他その意に反すると認める不利益な処分であって，分限処分は含まれない。

2 不利益処分に関する審査請求は，行政庁の違法又は不当な処分及び不作為に対し行うことができる。

3 勤勉手当が減額され又は給与条例の規定により給与が減額された場合には，不利益処分に関する審査請求を行うことができる。

4 形式的には依願免職処分であっても退職の意思表示が真正のものでない場合には，不利益処分に関する審査請求を行うことができる。

5 職員の意にそわない昇給発令が行われた場合には，不利益処分に関する審査請求を行うことができる。

Ⓟ170 ★★ 審査請求 ④手続き

不利益処分に関する審査請求について妥当なのは，次のどれか。

1 任命権者が不利益処分を行う場合は，その事由を記載した説明書を交付しなければならないが，その交付を受けない場合でも審査請求をすることができる。

2 審査請求は，処分があったことを知った日の翌日から起算して3か月以内に行わなければならないが，処分があったことを知らなかった場合には処分の日から6か月以内であれば行うことができる。

3 審査請求の審査は，審理の公正を確保するため必ず口頭審理により行わなければならず，当事者の一方から請求があった場合には，口頭審理は公開して行わなければならない。

4 人事委員会は，必要があると認めるときは，当該審査請求に対する裁決を人事委員会の委員又は事務局長に委任することができる。

5 任命権者は，不利益処分に関する審査機関の判定に基づく是正の指示を尊重しなければならないが，指示に従わなくても責任を問われることはない。

169 正解チェック欄

1回目 □　2回目 □　3回目 □

1　×　誤り。審査請求の対象となる不利益処分には，懲戒処分だけでなく，分限処分や平等取扱いの原則に反する身分取扱いなども含まれる。

2　×　誤り。職員の申請（例えば職務専念義務の免除申請）に対する不作為については，審査請求をすることができない（法49条の2②）。

3　×　誤り。勤勉手当の減額又は給与の減額（懲戒処分としての減額を除く）は，不利益処分に該当せず，勤務条件の措置要求の対象であるとされている（行実昭38.10.24）。

4　○　正しい。職員の意思に基づく処分は審査請求の対象にはならないが，職員の退職の意思が真正でない依願免職の場合には，審査請求を行うことができる（行実昭27.12.23）。

5　×　誤り。昇給発令が職員の意に満たないものであった場合でも，その昇給発令は職員に不利益を与えるものではないので，審査請求を行うことはできない（行実昭29.7.19）。

正 解　4

170 正解チェック欄

1回目 □　2回目 □　3回目 □

1　○　正しい。不利益処分に関する説明書は，職員に処分の理由を理解させ，処分に対する不服がある場合の救済方法を教示するものである。説明書の交付は不利益処分を行うための要件ではないので，説明書の交付を受けなかった場合でも審査請求をすることができる。

2　×　誤り。処分のあった日の翌日から起算して1年を経過したときは，審査請求をすることができない（法49条の3）。

3　×　誤り。審査請求の審査は，原則として書面審理又は口頭審理のいずれによることもできるが，審査請求をした職員から請求があったときは口頭審理を行い，また，職員から請求があったときは公開して行わなければならない（法50条①）。

4　×　誤り。裁決は委任できない（法50条②）。

5　×　誤り。指示に故意に従わなかった者は，1年以下の懲役又は50万円以下の罰金に処せられる（法60条Ⅲ）。

正 解　1

Q171 ★ 審査請求 ⑤手続き

地方公務員法に規定する不利益処分に関する審査請求の記述として
妥当なのは，次のどれか。

1　審査機関は，審査請求の審査結果に基づき，その処分の承認・修
　正・取消しを行い，また必要がある場合には，職員への不当な取扱
　いを是正するための指示を任命権者にしなければならない。

2　職員は，営利企業への従事等の承認申請が不許可となった場合に
　は，不利益処分に関する審査請求をすることができる。

3　審査請求をすることができる不利益処分についての取消しの訴え
　は，審査請求に対する判定を経た後でなければ，いかなる場合も提
　起することはできない。

4　審査請求は，職員が不利益処分があったことを知った日の翌日か
　ら起算して3か月以内にしなければならないが，天災その他やむを
　得ない理由があるときはこの限りでない。

5　任命権者は，職員に不利益処分を行う場合，その処分の内容を記
　載した辞令書を交付しなければならないが，処分の事由について
　は，任命権者が口頭で当該職員に説明すれば足りる。

Q172 ★ 審査請求 ⑥判定の効力

不利益処分に関する審査請求の記述として妥当なのは，次のどれ
か。

1　任命権者は，審査機関の判定に従う義務があり，不利益処分の取
　消しの判定があった場合には，当該不利益処分を取り消す処分を改
　めて行わなければならない。

2　人事委員会又は公平委員会は審査請求人から処分の執行停止の申
　立てがあった場合，その不利益処分が明らかに錯誤に基づいていた
　り，著しく平等取扱いの原則に反していると認めるときは，処分の
　効力の全部又は一部を停止することができる。

3　任命権者は，審査機関の判定に対して不服がある場合には，一定
　の事由があるときは再審の手続きをとることができるほか，直接に
　裁判所に対して判定の取消しの訴えを提起することができる。

4　任命権者は，審査機関の判定に対して不服がある場合には裁判所
　に出訴できないが，被処分者が当該判定を不服として出訴し，これ
　に対する判決に不服があれば任命権者は控訴することができる。

5　職員は，不利益処分に関する審査請求を行うことができる場合，
　審査請求に対する審査機関の判定を経た後でなければ，その不利益
　処分の無効確認の訴えを提起することができない。

171 正解チェック欄

1　○　正しい。人事委員会又は公平委員会は，審査が終了したときは，判定（処分の承認・修正・取消し）を行い，必要があると認めるときは任命権者に是正のための指示を行う（法50条③）。

2　×　誤り。不利益処分とは，職員の意に反する処分であるが，営利企業への従事等制限に係る許可・不許可は職員の法的地位に影響を及ぼすことはなく審査請求の対象となる処分ではない。

3　×　誤り。地方公務員法は，審査請求前置主義を採用している（法51条の2）が，審査請求のあった日から3か月を経過しても裁決のない場合などには，裁決を経ないで取消しの訴えを提起することができる（行政事件訴訟法8条②Ⅰ）。

4　×　誤り。行政不服審査法では，天災その他やむを得ない理由の場合の審査請求期間の例外規定が設けられているが，地方公務員法では，例外は認められていない（法49条の3）。

5　×　誤り。処分の事由を記載した説明書を交付しなければならない（法49条①）。

正　解　　1

172 正解チェック欄

1　×　誤り。不利益処分を取り消す判定があったときは，任命権者が改めて処分を取り消すまでもなく，当然，判定により当該不利益処分は効力を失う（行実昭27.9.20）。

2　×　誤り。不利益処分に関する審査請求については，行政不服審査法の執行停止の規定は適用されない（法49条の2③）。

3　×　誤り。審査機関の判定に対して不服がある場合であっても，判定の取消しの訴えを提起することはできない（行実昭27.1.9）。なお，人事委員会又は公平委員会規則で定める一定の事由に該当する場合は，再審の請求を行うことができる。

4　○　正しい（行実昭27.1.9）。

5　×　誤り。審査請求前置主義が適用されるのは，不利益処分の取消しの訴えを提起する場合であって，無効確認の訴えを提起する場合は適用されない（法51条の2）。

正　解　　4

◗173 ★ 労働基本権

職員の労働基本権の制限に関する記述として妥当なのは，次のどれか。

1　日本国憲法28条は，勤労者に労働基本権を保障しているが，地方公務員も憲法にいう勤労者に該当し，労働基本権の制限を受けない。

2　最高裁の判例によると，公務員の地位の特殊性と職務の公共性により，公務員の労働基本権に必要やむを得ない限度の制限を加えることは十分合理的な理由があるとされている。

3　職員のうち，単純労務職員は，団結権，団体交渉権及び争議権のすべてが認められている。

4　職員のうち，警察職員及び消防職員は，団結権は認められているが，団体交渉権及び争議権は認められていない。

5　職員のうち，一般行政職員は，地方公務員法に基づく職員団体を組織し，勤務条件に関し地方公共団体の当局と交渉し，及び団体協約を締結することができる。

◗174 ★★ 職員団体 ①結成

地方公務員法に定める職員団体に関する記述として妥当なのは，次のどれか。

1　職員団体は，警察職員と消防職員を除く職員が勤務条件の維持改善を図ることを目的として組織する団体又はその連合体をいう。

2　一般行政事務に従事する管理若しくは監督の地位にある職員又は機密の事務を取り扱う職員などの管理職員等は，管理職員等のみで構成する職員団体を結成することはできない。

3　職員団体は，職員の勤務条件の維持改善を図ることを主たる目的とし，この目的以外に文化的・社交的目的を副次的に持つことは可能だが，政治的目的は副次的にも持つことはできない。

4　職員団体は，単純労務職員のみでは結成できないが，単純労務職員がそれ以外の職員と一体となって結成することはできる。

5　警察職員及び消防職員は，それらの職員のみで職員団体を組織しなければならず，それら以外の職員とともに職員団体を組織することはできない。

173 正解チェック欄

1　×　誤り。職員は憲法にいう勤労者に該当するが，全体の奉仕者という性格を有することから労働基本権についての一定の制限を受ける。

2　○　正しい。判例では，公務員の労働基本権に一定の制限を認めている。全農林警職法事件判決（最判昭48.4.25）参照。

3　×　誤り。単純労務職員も含め，すべての職員に争議権は認められていない。

4　×　誤り。公共の秩序と安全の維持の必要性から，警察職員及び消防職員は，団結権，団体交渉権及び争議権のすべてが禁止されている。

5　×　誤り。団体協約を締結することはできない。書面による協定を結ぶことができるだけである。

正解　2

174 正解チェック欄

1　○　正しい。警察職員及び消防職員は，団結権そのものが認められていないので，職員団体を結成し，又はこれに加入することはできない。職員団体の主たる目的は，勤務条件の維持改善であり，また，単位団体だけでなく，その連合体も職員団体である。

2　×　誤り。管理職員等のみで構成する職員団体を結成することはできる。管理職員等とそれ以外の一般職員とが一体となって同一の職員団体を組織することはできない（法52条③）。

3　×　誤り。職員団体が政治目的を従たる目的として持つことは，地方公務員法の関知するところではない（行実昭26.3.13）。

4　×　誤り。単純労務職員は，労働組合を組織することもできるし，職員団体を組織することもできる（地公企労法5条，同法附則⑤）。なお，会計年度任用職員は，一般職の非常勤の職として職員団体に加入でき，その勤務条件は職員団体による交渉の対象となる。

5　×　誤り。警察職員及び消防職員は，職員団体を結成し，又はこれに加入することができない（法52条⑤）。

正解　1

◯175 ★★★ 職員団体　②加入

地方公務員法に定める職員団体の記述として妥当なのは，次のどれか。

1　職員は，職員団体が組織されている場合にはこれに加入する義務を負うが，職員団体の承認を得たときはこれに加入しないことができる。

2　職員団体は，人事委員会又は公平委員会において登録を受けたときは，その登録自体の効果として当然に法人格を取得する。

3　職員団体は，登録を受けた場合は職員以外のものを役員に選任することができるが，登録を受けない場合は職員以外のものを役員に選任することはできない。

4　職員は，職員団体に加入することは任意であるが，職員団体に加入していないときは，不利益処分に関する審査請求の場合を除き勤務条件に関し意見を表明することができない。

5　職員団体は，職員が中心となって組織すればよく，若干の職員以外の者の加入を認めることができる。

◯176 ★ 職員団体　③結成及び加入

地方公務員の職員団体の結成及び加入に関する次の記述として妥当なのは，次のどれか。

1　地方公務員法では，条例で，ユニオン・ショップ制やクローズド・ショップ制を行うことができるように定めている。

2　地方公務員法では，警察職員，消防職員についてのみ職務の特殊性からクローズド・ショップ制を行うことが定められている。

3　地方公務員法では，職員についてオープン・ショップ制が保障されているが，対象となる職員団体は登録のある団体である。

4　地方公務員法では，職員についてオープン・ショップ制が保障されている。

5　地方公務員法では，管理職員等とそれ以外の職員については扱いを異にしており，管理職員等についてはユニオン・ショップ制をとっている。

A 175 | 正解チェック欄 | 1回目 | 2回目 | 3回目

1　×　誤り。職員団体を結成するかしないか，又は，これに加入するかしないかは，職員の自由意思によるいわゆるオープン・ショップ制が保障されている（法52条③）。

2　×　誤り。登録を受けた職員団体は，法人となる旨を人事委員会又は公平委員会に申し出ることにより，法人格を取得する（職員団体等に対する法人格の付与に関する法律3条）。

3　×　誤り。職員団体は，登録を受けるか受けないかに関係なく，職員以外の者を役員に選任することができる。なお，役員の場合を除き，職員団体の構成員が原則として同一の地方公共団体の職員のみによって組織されていることが，登録要件の一つとなっている（法53条④）。

4　×　誤り。職員は，職員団体に属していないという理由で，勤務条件について，不満を表明し，又は意見を申し出る自由を否定されない（法55条⑪）。

5　○　正しい。職員が主体となって組織されている限り，若干のその他の者が加入していても職員団体の資格を失うものではない。

正解　5

A 176 | 正解チェック欄 | 1回目 | 2回目 | 3回目

1　×　誤り。地方公務員法では，オープン・ショップ制を法定している（法52条③）。なお，採用や雇用継続上で，特定の労働組合への加入を使用者に約束させる手段を組織強制（ショップ制）という。その形態として，特定労働組合への加入を採用・雇用契約継続上の要件とするクローズド・ショップ制，特定労働組合に加入しない者及びその組合員資格を失った者について解雇要件とするユニオン・ショップ制，それらの制約が一切ないオープン・ショップ制に大別される。

2　×　誤り。警察職員，消防職員については，法52条5項で，地方公共団体の当局と交渉する団体を結成し，又はこれに加入してはならないとされている。

3　×　誤り。登録団体に限らない。

4　○　正しい。

5　×　誤り。管理職員等のみで職員団体を組織することはできる（法52条③ただし書）。オープン・ショップ制である。

正解　4

🅟177 ★★ 職員団体 ④登録

地方公務員法に定める職員団体の記述として妥当なのは，次のどれか。

1　職員団体は，職員団体として登録を受けるためには，その構成員として地方公営企業の職員を含むことはできるが，労働組合を結成できる単純労務職員を含むことはできない。

2　職員団体が登録を受けるためには，すべての構成員が平等に参加する機会を有する直接かつ公開の投票による過半数によって重要な行為が決定されることが必要である。

3　職員団体は，同一の地方公共団体に所属する職員のみで組織されていることが登録の要件であり，職員でないものが役員として就任している職員団体の登録はできない。

4　職員団体は，条例で定めるところにより，申請書に規約を添えて人事委員会又は公平委員会に登録を申請することができる。

5　職員団体が登録要件を欠いた場合は，何らの行政処分を待つことなく登録職員団体としての地位は失効する。

🅟178 ★★ 職員団体 ⑤登録団体

地方公務員法に定める職員団体の記述として妥当なのは，次のどれか。

1　登録を受けた職員団体は，規約又は申請書の記載事項を変更したとき又は職員団体を解散したときには，人事委員会又は公平委員会にその旨を届け出なければならない。

2　登録を受けた職員団体は，法令その他の規定に抵触しない範囲で当局と交渉事項に関して団体協約を締結することができる。

3　登録を受けた職員団体が，管理職員等とそれ以外の職員とで組織する団体となったときは，人事委員会又は公平委員会は登録を取り消さなければならない。

4　登録を受けた職員団体は，職員の勤務条件の維持改善のために地方公共団体の当局と交渉を行うことができるが，登録を受けない職員団体はこれを行うことはできない。

5　登録を受けた職員団体は，法人格を取得することにより，任命権者に在籍専従の許可を求めることができる。

177 　　正解チェック欄　　 |1回目| |2回目| |3回目|

1　×　誤り。地方公営企業の職員については，地方公務員法の職員団体に関する規定の適用除外となっており登録を受ける職員団体の職員に含まれないが，単純労務職員は適用除外となっていないので登録を受ける職員団体の職員に含まれる。

2　×　誤り。公開の投票でなく，秘密の投票による過半数により決定されることが必要である（法53条③）。

3　×　誤り。職員でない者が役員として就任している場合であっても登録は可能である（法53条④ただし書）。

4　○　正しい（法53条①）。

5　×　誤り。登録要件を欠く事由が発生したときは，登録機関は登録の効力を停止するか，登録を取り消すか裁量により決定する（法53条⑥）。登録機関は，登録を停止するときは，その理由を提示し，あらかじめ弁明の機会を与え，また，登録を取り消すときは，あらかじめ理由を提示して聴聞を行わなければならない。

　　　　　　　　　　　　　　　　　　　　　　　　|正　解　4|

 178 　　正解チェック欄　　 |1回目| |2回目| |3回目|

1　○　正しい（法53条⑨，⑩）。

2　×　誤り。法的に拘束力のある団体協約は，地方公共団体の当局と職員団体との間で締結することはできない（法55条②）。職員団体は，地方公共団体の当局と交渉で合意した事項について書面による協定を結ぶことができる（法55条⑨）。

3　×　誤り。登録機関の裁量で，60日を超えない範囲内で登録の効力を停止し，又は，登録を取り消すことができる（法53条⑥）。

4　×　誤り。登録を受けない職員団体であっても，勤務条件の維持改善のために地方公共団体の当局と交渉を行うことができる。なお，登録を受けた職員団体から交渉の申入れがあった場合は，地方公共団体の当局は申入れに応じなければならない（法55条①）。

5　×　誤り。任命権者は，法人格の取得の有無にかかわらず，登録を受けた職員団体に対して職員が役員として専従する許可を，有効期間を定めて，与えることができる（法55条の2①，②）。

　　　　　　　　　　　　　　　　　　　　　　　　|正　解　1|

🅟179 ★★ 職員団体　⑥職員の行為の制限

　地方公務員法に定める職員団体のための職員の行為の制限に関する記述として妥当なのは，次のどれか。

1　任命権者は，職員が登録を受けない職員団体の業務にもっぱら従事する場合であっても，在籍専従の許可を与えることができる。

2　在籍専従の許可を受けた職員は，その許可が効力を有する間は任命権者からいかなる給与も支給されないが，その期間は退職手当の算定基礎となる勤続期間には算入される。

3　任命権者は，在籍専従の許可の申請があった場合であっても，当該職員の職務遂行上の必要性等を勘案して許可をしないことができる。

4　在籍専従の許可を受けた職員は，休職中である以上，勤務条件の措置要求や不利益処分に関する審査請求を行うことはできない。

5　在籍専従の許可を受けた職員以外の職員が，給与を受けながら職員団体のために活動することは，いかなる場合にも認められない。

🅟180 ★★ 職員団体　⑦在籍専従

　在籍専従制度に関する次の記述として妥当なのは，次のどれか。

1　在籍専従は，職員団体の登録の有無に関係なくその役員としてもっぱら従事する場合に認められる制度である。

2　在籍専従の申請があった場合，任命権者は，当然に許可を与えなければならない。

3　在籍専従を許可する場合，任命権者は，職員として在職期間を通じて5年を越えない期間であれば，有効期間を定める必要はない。

4　在籍専従の許可をいったん受けた職員は，許可された期間中に当該職員団体の役員でなくなったときも，許可が取り消されることはない。

5　在籍専従の許可を受けた職員は，その許可が効力を有する間は休職者として取り扱われ，いかなる給与も支払われず，また，その期間は退職手当の算定の基礎となる勤続期間に算入されない。

179 　正解チェック欄　　1回目 ☐　2回目 ☐　3回目 ☐

1　×　誤り。在籍専従が認められるのは，登録を受けた職員団体についてである（法55条の2①）。
2　×　誤り。在籍専従の許可が効力を有する期間は，休職者として，いかなる給与も支給されず，また，退職手当の基礎となる勤続期間にも算入されない（法55条の2⑤）。
3　○　正しい。在籍専従の許可は，裁量権を濫用しない限り，任命権者の自由裁量とされている（法55条の2②）。
4　×　誤り。在籍専従職員の身分取扱いとして，勤務条件の措置要求や審査請求も行うことができる。また，職員である以上，分限・懲戒処分に該当する事実があったときは，これらの処分の対象となる。
5　×　誤り。例外として，条例で定める場合には，給与を受けながら職員団体のために活動することが認められる（法55条の2⑥）。

正解　3

 180 　正解チェック欄　　1回目 ☐　2回目 ☐　3回目 ☐

1　×　誤り。在籍専従は，登録を受けた職員団体の役員としてもっぱら従事する場合に認められるものである（法55条の2①）。
2　×　誤り。在籍専従の許可は，任命権者が相当と認める場合に与えることができる制度で任命権者の裁量に委ねられている（法55条の2②）。
3　×　誤り。在籍専従の許可に当たって任命権者は，その許可の有効期間を定めるものとされている。また，在籍専従の認められる期間は，7年以下の範囲で人事委員会規則又は公平委員会規則で定める期間である（法55条の2③，附則⑳）。
4　×　誤り。在籍専従の許可は，当該許可を受けた職員が登録を受けた職員団体の役員として当該職員団体の業務にもっぱら従事するものでなくなったときは，取り消されるものとされる（法55条の2④）。
5　○　正しい（法55条の2⑤）。

正解　5

181 ★★★ 職員団体 ⑧在籍専従

在籍専従制度に関する次の記述として妥当なのは，次のどれか。

1　在籍専従の許可を受けた職員が許可を受けた期間中に刑事事件で起訴された場合，任命権者は，当該職員に分限処分を行うことはできない。

2　在籍専従の許可を受けた職員が，その職員団体から報酬を受ける場合，営利企業への従事等制限の許可を別途受ける必要はない。

3　在籍専従の許可を受けた職員は，職員としての身分を保有しないので，在籍専従の期間中に職員に対して行われる昇任試験を受験することはできない。

4　在籍専従の許可を受けた職員は，分限処分としての休職として取り扱われ，いかなる給与も支給されない。

5　在籍専従の許可を受けた職員は，もっぱら職員団体の役員としての業務に従事するため，秘密を守る義務など職員の身分保有に伴う服務規律に従わなくてよい。

182 ★★★ 職員団体 ⑨在籍専従

在籍専従制度に関する次の記述として妥当なのは，次のどれか。

1　在籍専従の許可を取り消すべき事由が生じたときには，取り消すべき事由の発生をもって，許可は取り消されたものとみなされ，当該職員は職場に復帰しなければならない。

2　在籍専従の許可は，当該職員団体が登録の効力停止を受けた場合には取り消される。

3　任命権者が在籍専従の職員に昇給の発令をすることは認められる。

4　在籍専従の許可は，地方公務員の団結等を保護するため，特に法律によって認められた制度であって，団結権等に内在し又はそれから当然に派生する権利に基づくものではない。

5　在職専従の職員以外の職員が給与を受けながら職員団体のために活動することは，いかなる場合にも認められない。

181 　　**正解チェック欄** 　　| 1回目 | 2回目 | 3回目 |

1　×　誤り。在籍専従の職員も，職員としての身分及び職を保有すると解されている。したがって，任命権者は，在籍専従の職員に対して，分限処分や懲戒処分を行うことができる。

2　○　正しい。専従にかかる職員団体から受ける報酬に関する限り，営利企業従事等制限の許可が同時に発せられたものと解される。専従にかかる職員団体以外から報酬を受ける場合は，法38条の許可が必要である。

3　×　誤り。在籍専従の職員も，職員としての身分及び職を保有すると解されているから，昇任試験を受験することはできる。

4　×　誤り。在籍専従の職員は，休職として取り扱われるが，その意に反する処分ではないから，分限処分の休職ではない。

5　×　誤り。在籍専従の職員も，職員としての身分を保有すると解されている。したがって，職員として身分保有に伴う服務規律に従わなければならない。

正　解　2

 182 　　**正解チェック欄** 　　| 1回目 | 2回目 | 3回目 |

1　×　誤り。任命権者が許可を取り消すまでは，在籍専従の許可は効力を有しており，職員は職務に復帰することはできない。

2　×　誤り。登録の効力停止期間中は，職員団体は登録を受けない団体として取扱われるが，効力の停止前に取得した法人格，在籍専従の許可には影響を及ぼさない（行実昭41.6.21）。

3　×　誤り。在籍専従の職員は，職務に従事していないので，これに対して昇給の発令を行うことはできない。

4　○　正しい（最判昭40.7.14）。

5　×　誤り。職員は，条例で定める場合を除き，給与を受けながら，職員団体のためその業務を行い，又は活動してはならない（法55条の2⑥）とされていることから，条例で定める場合は，給与を受けながら職員団体のために活動することが，例外として認められている。

正　解　4

🅠183 ★ 職員団体 ⑩管理職員等

　管理職員等に関する記述のうち妥当なのは，次のどれか。

1　地方公務員法は，管理職員等の範囲について規定しておらず，具体的にいかなる職にある者がこれに該当するかは，任命権者が条例によって定める。

2　地方公務員法は，管理職員等の範囲について規定しておらず，具体的にいかなる職にある者がこれに該当するかは，任命権者が規則によって定める。

3　地方公務員法は，管理職員等の範囲について規定しているが，具体的にいかなる職にある者がこれに該当するかは，人事委員会規則又は公平委員会規則で定めることとされている。

4　地方公務員法は，管理職員等の範囲について規定しているが，具体的にいかなる職にある者がこれに該当するかは，任命権者が条例によって定めるものとしている。

5　地方公務員法は，管理職員等の範囲について規定しているが，具体的にいかなる職にある者がこれに該当するかは，任命権者が規則によって定めるものとしている。

🅠184 ★ 職員団体 ⑪管理職員等

　地方公営企業における管理職員等に関する記述のうち妥当なのは，次のどれか。

1　地方公営企業職員は労働組合法による労働組合を結成することができるが，当該労働組合は，管理職員等とそれ以外の職員が混在していても構わない。

2　地方公営企業において，具体的にいかなる職にある者が管理職員等に該当するかは，当該地方公共団体の長が条例により定める。

3　地方公営企業において，具体的にいかなる職にある者が管理職員等に該当するかは，当該地方公共団体の長が規則により定める。

4　地方公営企業において，具体的にいかなる職にある者が管理職員等に該当するかは，労働委員会がその範囲を告示する。

5　地方公営企業において，具体的にいかなる職にある者が管理職員等に該当するかは，労働組合法に規定するところであり民間の労働組合と差違はない。

183 正解チェック欄 | 1回目 □ | 2回目 □ | 3回目 □ |

1 × 誤り。法52条3項で管理職員等の範囲が示され，同条4項で人事委員会規則又は公平委員会規則で定めることとされている。

2 × 誤り。管理職員等の範囲について規定しており，人事委員会規則又は公平委員会規則で定めることとされている。

3 ○ 正しい。

4 × 誤り。人事委員会規則又は公平委員会規則で定めることとされている。

5 × 誤り。人事委員会規則又は公平委員会規則で定めることとされている。

| 正 解 | 3 |

 184 正解チェック欄 | 1回目 □ | 2回目 □ | 3回目 □ |

1 × 誤り。労働組合法2条ただし書きは，同法上の保護を受けるために，その労働組合が労働者の自主的な組織であることを必要とし，地方公務員法と同様に，管理職員等とそれ以外の職員が混在しないことを要件としている。

2 × 誤り。具体的にいかなる職にある者が管理職員等に該当するかは，地方公営企業等の労働関係に関する法律5条2項により，労働委員会が告示することとしている。

3 × 誤り。労働委員会が告示する。

4 ○ 正しい。地方公営企業等の労働関係に関する法律5条2項において，労働委員会が，職員のうち労働組合法2条1号に規定する管理職員等の範囲を認定し告示するものとしている。

5 × 誤り。地方公営企業における管理職員等の具体的な範囲は地方公営企業等の労働関係に関する法律5条2項により労働委員会が告示することになっており，この点が民間労働組合と異なるところである。

| 正 解 | 4 |

185 ★★ 職員団体 ⑫不利益取扱いの禁止

　地方公務員法の不利益取扱いの禁止に関する次の記述として妥当なのは, 次のどれか。

1　職員は, 職員団体のためにする行為のすべてについて不利益な取扱いを受けることはない。

2　職員は, 地方公務員法の規定により, 職員団体の構成員等を理由として不利益な取扱いを受けることはないが, 条例で例外的な規定を定めることはできる。

3　不利益な取扱いとは, 分限・懲戒等の「不利益な処分」に限られる。

4　不利益な取扱いか否かは, 不利益な取扱いの客観的な事実とともに任命権者の主観的な意思の有無がその要件とされている。

5　不利益な取扱いがあった場合の救済の形態としては, 不利益処分に関する審査請求に限られない。

186 ★★★ 職員団体 ⑬団体交渉

　職員団体との団体交渉に関する記述として妥当なのは, 次のどれか。

1　当局は, 登録のない職員団体からの交渉の申し入れに応諾する義務は負わないので, 当該申し入れを当然に拒否することができる。

2　職員団体と当局との交渉は予備交渉を行うことを原則とするが, 予備交渉を経ない本交渉の申し入れに対しても, 当局は応諾する義務を負う。

3　職員団体と当局は, 交渉の結果, 合意に達したときは書面協定を締結することができるが, 書面協定は法律上その内容を執行する拘束力を有する。

4　職員団体と当局は, 管理運営事項について交渉の対象とすることができないが, 職員の勤務条件が管理運営事項と密接な関係をもつ場合は, 当該勤務条件は交渉の対象となる。

5　登録職員団体からの適法な交渉の申し入れに当局が正当な理由もなく応じないときは, 不当労働行為となり, 地方労働委員会が当該職員団体の申し立てに基づき必要な命令を行うことができる。

185 　| 正解チェック欄 | 　1回目 □　2回目 □　3回目 □

1　×　誤り。職員は，職員団体のために正当な行為をしたことの故をもって不利益な取扱いを受けることはない（法56条）。したがって，職員団体のためにする正当な行為が法的な保障の対象である。例えば，登録のない職員団体の役員としてもっぱら従事することや任命権者の許可がなくなった後も登録のある職員団体の役員としてもっぱら従事する行為等は正当な行為とはいえない。

2　×　誤り。法56条は，労働組合法7条と同様な趣旨から職員の団結権を法的に保障したものである。条例で例外は定められない。

3　×　誤り。「不利益な処分」（法49条）のほかに，職員の身分取扱い上のすべての不利益な措置を含むとされている。

4　×　誤り。任命権者に，他に特段の事情がないにもかかわらず不利益な取扱いをした客観的事実があれば足りるとされている。

5　○　正しい。不利益な取扱いが行政処分の場合は不利益処分に関する審査請求（法49条の2）を，行政処分の形態でないものは勤務条件に関する措置要求（法46条）をすることができる。

　| 正　解　5

 186 　| 正解チェック欄 | 　1回目 □　2回目 □　3回目 □

1　×　誤り。登録のない団体から交渉の申し入れがあった場合，当局は応諾義務を負わないが，当然に拒否できるとはされていない。職員団体側からみた場合には，登録の有無にかかわらず，当局と交渉する能力には全く相違がないと解されている。

2　×　誤り。予備交渉を行わない場合は，本交渉に応ずる必要はないものとされている。

3　×　誤り。職員団体と当局は，書面による協定を締結することができる（法55条⑨）が，団体協約を締結することはできない（同条②）とされていることから，書面協定は法律上の拘束力を有せず，原則として道義的責任を生ずるにとどまる（同条⑩）。

4　○　正しい。例えば，職員の給与改定と予算措置，時間外勤務の減縮と定数措置などの関係が挙げられる。

5　×　誤り。正当な理由なくこれに応じないときは違法な行為であるが，労働組合に対する場合と異なり不当労働行為とされることはない。

　| 正　解　4

187 ★★★ 職員団体 ⑭団体交渉

職員団体との団体交渉に関する記述として妥当なのは，次のどれか。

1　職員団体は，当該地方公共団体の当局と団体協約を締結することができる。

2　職員団体は，特別の事情があるときは，当該職員団体の役員以外の者を指名し，交渉に当たらせることができるが，地方公共団体の当局は，地方公共団体の職員以外の者を指名して，交渉に当たらせることができない。

3　職員団体と地方公共団体の当局は，緊急な場合には，当該予備交渉を省略することができる。

4　地方公共団体の当局は，人事委員会又は公平委員会の登録を受けていない職員団体であっても，当該職員団体と勤務時間中において適法な交渉を行うことができる。

5　地方公共団体の当局は，人事委員会又は公平委員会の登録を受けていない職員団体であっても，当該職員団体から適法な交渉の申し入れがあった場合，その申し入れに応じる義務を負う。

188 ★★ 職員団体 ⑮団体交渉

職員団体との団体交渉に関する記述として妥当なのは，次のどれか。

1　地方公共団体の当局は，交渉事項となる勤務条件が，予算の編成や組織及び職員定数に関わる事項のような管理運営事項と密接な関係を持つ場合には，交渉に応じる必要はない。

2　地方公共団体の当局は，職員団体との予備交渉が不調であった場合には，交渉に応ずる必要はない。

3　地方公共団体の当局は，職員団体との交渉において，当該職員団体の構成員以外の者が参加している場合，いかなる場合にも当該交渉を打ち切ることができる。

4　地方公共団体の当局は，議題，時間，場所等，職員団体との取り決めに沿って交渉が行われている場合に，座り込みにより職員の職務の遂行に支障が生じても，交渉を打ち切ることはできない。

5　地方公共団体の当局は，職員団体との交渉の結果合意に達した事項については書面による協定を結ばなくてはならず，口頭による約束に代えることはできない。

187　　**正解チェック欄**　　| 1回目 | 2回目 | 3回目 |

1　×　誤り。職員団体と地方公共団体の当局とは，書面による協定を結ぶことができる（法55条⑨）とされているが，団体協約を締結する権利は含まない（同条②）。

2　×　誤り。職員団体については，役員以外の者を指名することができる（法55条⑥）。当局も法律上は職員以外の者，例えば弁護士を指名することができると解されている。

3　×　誤り。交渉に当たっては，職員団体と地方公共団体の当局との間で，議題，時間，場所その他必要な事項をあらかじめ取り決めて行うものとされている（法55条⑤）。

4　○　正しい。非登録職員団体も職員団体であり当局と交渉を行う地位，能力は有するので，当局が交渉に応じないことは適切でない。

5　×　誤り。非登録職員団体については，地方公務員法55条1項の規定の適用はないので，当局は交渉の申し入れに応じる義務はない。

正解　4

188　　**正解チェック欄**　　| 1回目 | 2回目 | 3回目 |

1　×　誤り。地方公共団体の当局は，交渉の対象となる勤務条件が管理運営事項と密接な関係がある場合でも，当該勤務条件は交渉の対象となる。

2　○　正しい。予備交渉は必ず持たなければならない。予備交渉が整わなかった場合には，本来の交渉に応ずる必要はない。

3　×　誤り。特別な事情があるときは，職員団体は，役員以外の者を指名することができ（法55条⑥），交渉の対象となる職員団体の構成員以外の者が当該職員団体の正当な委任を受けて交渉員として参加している場合，当局は交渉に応ずる義務があるとされている（行実昭38.10.18）。

4　×　誤り。交渉は，他の職員の職務の遂行を妨げ，若しくは地方公共団体の事務の正常な運営を阻害することとなったときは，これを打ち切ることができるとされている（法55条⑦）。

5　×　誤り。地方公共団体の当局は，交渉による合意事項について必ず書面協定を結ばなければならないものではなく，口頭の約束であっても，もとより差し支えないとされている。　正解　2

ⓟ189 ★ 職員団体と労働組合

職員団体と労働組合に関する次の記述として妥当なのは，次のどれか。
1　特定地方独立行政法人の職員は，職員団体を結成することができる。
2　単純労務職員は労働組合を結成することができるため，一般の職員が結成する職員団体に加入することはできない。
3　管理職員等と一般の職員が同一の職員団体又は労働組合を結成することはできないが，管理職員等の範囲は，一般の職員，地方公営企業に勤務する職員の双方の場合とも任命権者が定める。
4　一般職員が組織する職員団体と地方公営企業に勤務する職員が組織する労働組合とが連合した組織は，職員団体とみなされる。
5　地方公営企業に勤務する職員や単純労務職員が職員団体に加入した場合でも，当該職員以外の一般職員が主体となって組織されている限り，当該団体は職員団体である。

ⓟ190 ★ 労働組合 ①結成

労働組合に関する次の記述として妥当なのは，次のどれか。
1　労働組合は，労働者が主体となって労働条件の維持・改善その他経済的地位の向上を図ることを目的として組織する団体又は連合体で，職員団体と目的及び活動の範囲も同じである。
2　地方公営企業職員は，職員団体を結成することができるが，労働組合は結成できない。
3　単純労務職員は，労働組合を結成することはできるが，職員団体を結成することはできない。
4　単純労務職員が組織する労働組合は，労働協約を締結することはできない。
5　地方公営企業職員は，労働組合を結成することはできるが，争議権は認められていない。

189 　　 正解チェック欄 　　 1回目 ☐ 2回目 ☐ 3回目 ☐

1 × 誤り。特定地方独立行政法人の職員については，地方公務員法の職員団体に関する規定は適用されない（地方独立行政法人法53条）。

2 × 誤り。単純労務職員は，地方公務員法上の職員団体を結成するか地方公営企業法及び労働組合法上の労働組合を結成するか選択できる。

3 × 誤り。職員団体における管理職員等の範囲は人事委員会規則又は公平委員会規則で定める（法52条④）が，地方公営企業職員の場合は労働委員会が管理者等の範囲を認定して告示するもの（地公企労法5条②）とされている。

4 × 誤り。職員団体と労働組合が混在する連合組織は，職員団体の連合体ではなく，その連合組織は職員団体ではない。

5 ○ 正しい。小規模の地方公営企業に勤務する職員が職員団体に加入した場合でも，当該職員以外の一般職員が主体となって組織されている限り，当該団体は職員団体である（行実昭41.6.21）。

> 正解 5

 190 　　 正解チェック欄 　　 1回目 ☐ 2回目 ☐ 3回目 ☐

1 × 誤り。目的は同じであるが，職員団体に労働協約を締結する権利が認められていないこと（法55条②）など構成員の要件や活動範囲に相違がある。

2 × 誤り。地方公営企業職員，労働組合を結成することはできるが，職員団体は結成できない（地公企法39条，地公企労法5条）。

3 × 誤り。どちらも結成することができる（地公企労法附則⑤）。

4 × 誤り。単純労務職員が組織する労働組合は，地方公営企業等の労働関係に関する法律及び労働組合法により，労働協約を締結することができる。

5 ○ 正しい。「職員及び組合は，地方公営企業等に対して同盟罷業，怠業その他の業務の正常な運営を阻害する一切の行為をすることができない」（地公企労法11条）と定められている。

> 正解 5

ⓟ191 ★ 労働組合 ②労働協約

　地方公営企業職員が組織する労働組合との間の労働協約に関する次の記述として妥当なのは，次のどれか。

1　労働協約は，規範的効力を有するとされる，就業規則や管理規程で定めている労働条件より優先しない。

2　条例にてい触する協定が結ばれた場合，地方公共団体の長は，その締結後10日以内に，その協定が条例にてい触しなくなるために必要な条例の改正又は廃止に係る議案を議会に付議し，議決を求めなければならない。

3　条例にてい触する協定であっても，協定締結後は，条例の改正又は廃止までの間は，暫定的に効力があると解されている。

4　予算上資金上不可能な支出を内容とする協定でも，使用者と労働組合との合意である以上，当該地方公共団体は，当該協定に拘束される。

5　予算上資金上不可能な支出を内容とする協定の締結があった場合，そのような協定に基づいて支出することは禁止されており例外もない。

ⓟ192 ★ 労働組合 ③労働協約

　労働協約に関する次の記述として妥当なのは，次のどれか。

1　労働協約は，労働組合と使用者又はその団体との間で交わされた労働条件その他労働者の待遇に関する基準の書面をいい，両当事者の署名又は記名捺印がなくても労働協約としての効力を有する。

2　労働協約には，5年をこえる有効期間の定をすることができず，5年をこえる有効期間の定をした労働協約は，5年の有効期間の定めをした労働協約とみなされる。

3　労働協約は，労働組合と使用者又はその団体との間で道義的な拘束を生じ，相互が協定の内容を誠実に遵守しなければならない。

4　労働協約に定める労働条件その他労働者の待遇に関する基準に違反する労働契約は，当該労働契約そのものが無効とされる。

5　労働契約に定めのない部分は，効力を有する労働協約に定める労働条件その他労働者の待遇に関する基準によるものとされている。

191　正解チェック欄

1　×　誤り。労働協約は，就業規則や管理規程で定める労働条件より優先するとされている。

2　○　正しい（地公企労法8条①）。

3　×　誤り。条例の改正又は廃止がなければ，条例に抵触する限度において，効力を生じないとされている（地公企労法8条④）。

4　×　誤り。地方公営企業の予算又は資金上，不可能な資金の支出を内容とするいかなる協定も，当該地方公共団体の議会によって所定の行為がなされるまでは，当該地方公共団体を拘束せず，かつ，いかなる資金といえども，そのような協定に基づいて支出されてはならないとされている（地公企労法10条①）。

5　×　誤り。当該地方公共団体の長が，その協定締結後10日以内に議会に付議し承認を得れば，支出できる（地公企労法10条②）。

正 解　2

192　正解チェック欄

1　×　誤り。労働協約は，労働組合と使用者又はその団体との間で書面を作成し，両当事者が署名し，又は記名捺印することによって効力を生じる（労組法14条）。

2　×　誤り。労働協約の有効期間は3年を超えることができないとされ，3年を超える有効期間の定めをした労働協約は3年の有効期間の定めをした労働協約とみなされる（労組法15条①，②）。

3　×　誤り。労働協約は，当事者を拘束する規範的効力を有すると解されている。

4　×　誤り。労働協約に定める労働条件その他労働者の待遇に関する基準に違反する労働契約は，違反する部分が無効となるのであり労働契約すべてが無効となるものではない（労組法16条）。

5　○　正しい（労組法16条）。

正 解　5

🅠193 ★ 職員と労働三法 ①労働基準法

　労働基準法に定める三六協定に関する次の記述として妥当なのは，次のどれか。

1　三六協定は，最高裁判所の判例では，労働協約とは別に独立して定められていなければ，使用者は労働者に対して時間外労働や休日労働を命ずることはできない。

2　三六協定は，時間外勤務に関して締結される場合，協定の内容として，時間外勤務を必要とする具体的事由，業務の種類，労働者数，延長することができる時間が定められなければならない。

3　三六協定が締結されていない間は，使用者は時間外勤務命令を発することも，時間外勤務に対して時間外勤務手当を支給することもできない。

4　使用者は，三六協定が使用者と労働組合とで締結された場合，所轄労働基準監督署の許可を得なければ時間外労働や休日労働をさせることができない。

5　使用者は，一つの事業場に二つ以上の労働組合が組織されていて，いずれの労働組合もその構成員の数がその事業場の労働者の過半数に達していない場合には，その事業場のすべての労働組合と三六協定を締結しなければならない。

🅠194 ★ 職員と労働三法 ②労働基準法

　職員と労働基準法に関する記述として妥当なのは，次のどれか。

1　職員の給与，勤務時間その他の勤務条件は規則で定めることとされ，この規則を定めるに当たっては，労働基準法の定める基準を下まわってはならない。

2　地方公務員法は，職員の勤務条件の決定方法や補償制度などにおける特殊性を考慮して，労働基準法の全面的な適用除外を定めている。

3　地方公共団体の労働条件は，公共の福祉，住民サービスの提供という面から民間企業と異なるが，公務員も勤労者として労働基準法が全面的に適用されている。

4　職員団体は労働協約を締結することができるが，労働条件は条例で定めるものであり，就業規則や労働契約という概念はないので，労働基準法の一部を適用除外している。

5　労働組合を結成でき労働協約締結権を有し，勤務条件の条例主義が適用されない企業職員及び単純労務職員については，労働基準法の労働協約，就業規則及び労働契約の規定が適用される。

193　　正解チェック欄　　1回目□　2回目□　3回目□

1　×　誤り。三六協定を労働協約で締結することも可能である。

2　○　正しい。

3　×　誤り。たとえ三六協定を締結していなくても，時間外勤務に対して時間外勤務手当を支給しなければならない。

4　×　誤り。労働基準監督署の許可を得る必要はなく，届出でよい（労基法36条①）。

5　×　誤り。そのような場合には，事業場の労働者の過半数を代表する者との書面による協定を結ぶこととなる（労基法36条①）。

正解　2

194　　正解チェック欄　　1回目□　2回目□　3回目□

1　×　誤り。職員の給与，勤務時間その他の勤務条件は条例で定めるとされる（法24条⑤）。

2　×　誤り。法58条3項で労働基準法の一部の適用除外を定めているが，労働基準法の規定は原則として適用される。

3　×　誤り。職員は，原則として労働基準法の規定は適用されるが，労働条件の決定（労働法2条），賃金の支払い（労基法24条①），災害補償（労基法75条，88条），就業規則（労基法89条，93条）など，労働基準法の一部は適用除外されている（法58条③）。

4　×　誤り。職員団体は，労働協約を締結することができない。法55条2項により，職員団体と地方公共団体の交渉は，団体協約を締結する権利を含まない，と規定している。

5　○　正しい。企業職員は，地方公務員法の勤務条件の規定は適用除外される（地公企法39条）。企業職員の労働組合は，地方公共団体の当局と労働条件に関する団体交渉を行い，労働協約を締結する（地公企労法7条）。単純労務職員の労働組合は労働協約締結権を有する。

正解　5

195 ★ 職員と労働三法 ③労働基準法

職員と労働基準法に関する記述として妥当なのは，次のどれか。

1 労働基準法の就業規則がすべての職員に対して適用されないのは，地方公共団体の職員の特殊性に対応して，その勤務条件が住民の代表である議会の議決による条例で定められているからである。

2 職員の給与の支払いに関して，企業職員，単純労務職員の職員は，賃金支払い三原則を定める労働基準法の規定が適用されるが，それ以外の職員は適用されない。

3 常勤，非常勤職員とも，公務災害に関し労働基準法の基準を下まわらない内容を有する地方公務員災害補償法が定められているので，業務上の災害補償を定めた労働基準法の規定は適用しない。

4 職員の勤務時間については，労働基準法の労働時間に関する規定が適用されず，1週間の勤務時間については地方公務員法で定めている。

5 労働基準法に定める基準に達しない労働条件を定める労働契約は，直ちに改める必要があるが，新しい労働契約が締結されるまでは効力を有する。

196 ★ 職員と労働三法 ④労働基準法

職員と労働基準法に関する記述として妥当なのは，次のどれか。

1 労働基準法は，職員の勤務条件について地方公務員法の特例法に当たり，職務の特殊性から原則として労働基準法の適用はないが，例外として労働基準法の一部の規定の適用がある。

2 職員に労働基準法の規定の適用がある場合において，職員の勤務条件に関する労働基準監督機関の職権は，人事委員会を置く地方公共団体にあっては，すべて人事委員会が行う。

3 非常災害の場合以外に清掃事業に従事する単純労務職員に時間外又は休日の労働をさせるためには，労働基準法のいわゆる三六協定を結ぶ必要がある。

4 公務のために臨時の必要がある場合には，職員に時間外又は休日の労働をさせることができるが，人事委員会を置く地方公共団体にあっては必ず人事委員会の許可を受けなければならない。

5 始業及び終業の時刻を職員が自分で決定できるいわゆるフレックス・タイムについて，一般職員には労働基準法の規定の適用がある。

198

195 正解チェック欄 1回目 2回目 3回目

1 × 誤り。一般の行政事務従事の職員は設問のとおりだが，企業職員及び単純労務職員の労働条件は，原則として労働協約，就業規則により定められる。

2 ○ 正しい。企業職員，単純労務職員の職員は，労働基準法24条の賃金の支払い三原則（通貨払い，直接払い，全額払い）が適用されるが，それ以外の職員は地方公務員法25条に同様の規定があるので，労働基準法24条1項は適用除外されている（法58条③）。

3 × 誤り。非常勤職員などで，地方公務員災害補償法の対象とならない職員については，労働基準法の災害補償の規定が適用される（法58条③ただし書）。

4 × 誤り。職員の勤務時間は条例で定めることとされる（法24条⑤）が，労働基準法の労働時間の規定は，原則として適用される（法58条③）。

5 × 誤り。労働基準法に定める基準に達しない労働条件を定める労働契約は，その部分について無効である。無効となった部分は労働基準法の定める基準による（労基法13条）。 正解 2

196 正解チェック欄 1回目 2回目 3回目

1 × 誤り。地方公務員法のほうが労働基準法の特例法に当たり，公務の性質から，例外として労働基準法の一部の規定の適用除外があるにすぎない（労基法112条，法58条③）。

2 × 誤り。労働基準監督機関の職権は，人事委員会が行うのが原則だが（法58条⑤），労働基準法別表1の中の一定の事業に従事する現業職員については，労働基準監督機関が行う。

3 ○ 正しい。清掃事業に従事する単純労務職員に限らず，現業職員に，非常災害の場合以外で，時間外又は休日の労働をさせるためには，労働基準法上のいわゆる三六協定を結び，これを労働基準監督機関に届け出る必要がある（労基法36条①）。

4 × 誤り。公務のために臨時の必要がある場合は，非現業職員では人事委員会の許可は不要であり（労基法33条③），現業職員では非常災害の場合は労働基準監督機関の許可が必要であり（労基法33条①），非常災害以外の場合は三六協定が必要である。

5 × 誤り。一般の行政事務を担当する職場においては，始業及び終業の時刻が一定であることが住民の便宜に適うものであり，フレックス・タイムの規定の適用は除外されている（法58条③）。 正解 3

⊕197 ★★ 職員と諸法

企業職員と単純労務職員に関する記述として妥当なのは，次のどれか。

1 　企業職員と単純労務職員については，給与の種類及び基準を労働協約で定め，給料表や諸手当の額など具体的な内容は条例で定めることができる。

2 　企業職員と単純労務職員については，勤務条件に関する措置の要求及び不利益処分に関する審査請求が認められている。

3 　地方公営企業に従事する職員は，地方公務員法に定める政治的行為の制限に関する規定の適用を受けないが，自ら在職のままで公職の候補者となることは公職選挙法により禁止されている。

4 　単純労務職員は，地方公営企業等の労働関係に関する法律の定めるところにより，労働組合を結成し加入できることから，地方公務員法による職員団体を結成することはできない。

5 　地方公務員法のうち，勤務条件の決定方式，審査請求制度，職員団体に関する事項等については，企業職員には適用されない。

⊕198 ★ 罰則 ①罰せられる行為

罰則に関する記述として妥当なのは，次のどれか。

1 　地方公務員法第13条に定める平等取扱いの原則に反して差別をした職員は，懲戒処分を受けることはあっても刑罰に処せられることはない。

2 　地方公務員法第34条第1項又は第2項に定める秘密を守る義務に反して秘密を漏らした職員は，懲戒処分を受けることはあっても刑罰に処せられることはない。

3 　地方公務員法第36条第1項に定める政治的行為の制限に反して政党の構成員になるように勧誘運動をした職員は，懲戒処分を受けることはあっても刑罰に処せられることはない。

4 　地方公務員法第37条第1項に定める争議行為の禁止に反してそのような違法な行為をそそのかしたり，あおったりした職員は，懲戒処分を受けることはあっても刑罰に処せられることはない。

5 　地方公務員法第46条に定める勤務条件に関する措置の要求の申出を故意に妨げた職員は，懲戒処分を受けることはあっても刑罰に処せられることはない。

197　　正解チェック欄　　1回目□　2回目□　3回目□

1　×　誤り。企業職員の給与の種類及び基準は条例で定め（地公企
法38条④），労働組合による団体交渉の結果，労働協約を締結でき
る。単純労務職員は，地方公営企業等の労働関係に関する法律附則
5項により地方公営企業法の同法が準用される。

2　×　誤り。地方公営企業法39条1項により，企業職員は地方公務員
法の措置要求及び不利益処分に関する審査請求は適用されない。ま
た，単純労務職員は同法の規定が準用されるので同様である。

3　×　誤り。地方公営企業の課長等以外の企業職員は，在職のまま
公職の候補者となることができる（公選法89条①Ⅴ）。

4　×　誤り。単純労務職員は，地方公営企業法の準用（地公企労法附
則⑤）と地方公務員法の適用により，労働組合と職員団体のいずれも
結成できる。企業職員は労働組合を結成できる（地公企労法5条）。

5　○　正しい。企業職員も地方公務員法は原則として適用される
が，勤務条件の決定方法，措置要求，審査請求，職員団体等の規定
は適用されない。また，労働基準法の適用除外を定めた地方公務員
法58条の規定も，適用されない（地公企法39条①）。　正　解　5

198　　正解チェック欄　　1回目□　2回目□　3回目□

1　×　誤り。1年以下の懲役又は50万円以下の罰金（法60条Ⅰ）。

2　×　誤り。1年以下の懲役又は50万円以下の罰金（法60条Ⅱ）。

3　○　正しい。罰則の規定はない。

4　×　誤り。3年以下の禁錮又は100万円以下の罰金（法62条の2）。
なお争議行為を共謀し，そそのかし，あおり，企てた者は，職員に
限らず罰せられる。

5　×　誤り。3年以下の懲役又は100万円以下の罰金（法61条Ⅴ）。
　　　　　　　　　　　　　　　　　　　　　　正　解　3

🔵199 ★ 罰則 ②罰せられる行為

罰則に関する記述として妥当なのは，次のどれか。

1 地方公務員法第15条の規定に反して職員の任用を能力の実証に基づかずに行った職員は，刑罰に処せられることはない。

2 地方公務員法第18条の3の規定に違反して採用の競争試験の受験を阻害し，又は情報を提供した試験機関に属する職員は，刑罰に処せられることはない。

3 不利益処分に関する審査請求の審査の結果に基づき人事委員会がした不当な取扱いを是正するための指示に故意に従わなかった職員は，刑罰に処せられることはない。

4 不利益処分に関する審査請求の審査に関し，人事委員会から証人として喚問を受けた者が，正当の理由がなくこれに応ぜず，若しくは虚偽の陳述をした職員は，刑罰に処せられることはない。

5 地方公務員法第37条第1項の規定に反して地方公共団体の機関の活動能率を低下させる怠業的行為をした職員は，刑罰に処せられることはない。

🔵200 ★ 罰則 ③退職管理

地方公務員法上の退職管理の規定に違反する場合に関する記述として妥当なのは，次のどれか。

1 再就職者が，離職後2年間に，離職前5年間の契約等の職務に関し，元の職場に職務上の行為を依頼した場合，1年以下の懲役又は50万円以下の罰金に処せられる。

2 再就職者が，離職後2年間に，離職前5年間の契約等の職務に関し，元の職場に職務上不正な行為を依頼した場合，3年以下の懲役又は100万円以下の罰金に処せられる。

3 再就職者が，離職後2年間に，離職前に自ら締結を決定した契約に関し，元の職場に職務上不正な行為を依頼した場合，3年以下の懲役又は100万円以下の罰金に処せられる。

4 職員が，元職員から禁止されている要求や依頼を受け，それによって職務上不正な行為をした場合，1年以下の懲役又は50万円以下の罰金に処せられる。

5 職員は，元職員から禁止されている要求又は依頼を受け，その届出を人事委員会又は公平委員会に怠った場合は，懲戒処分の対象となるとともに，1年以下の懲役又は50万円以下の罰金に処せられる。

199　　正解チェック欄　　1回目 □　2回目 □　3回目 □

1　×　誤り。3年以下の懲役又は100万円以下の罰金（法61条Ⅱ）。
2　×　誤り。3年以下の懲役又は100万円以下の罰金（法61条Ⅲ）。
3　×　誤り。1年以下の懲役又は50万円以下の罰金（法60条Ⅲ）。
4　×　誤り。3年以下の懲役又は100万円以下の罰金（法61条Ⅰ）。
5　○　正しい。争議行為を共謀し，そそのかし，あおり，企てた者は，罰せられる（法62条の2）のに対して，争議行為そのものの実行者については，罰則の規定がない。

正解　5

 200　　正解チェック欄　　1回目 □　2回目 □　3回目 □

1　×　誤り。10万円以下の過料に処せられる（法64条）。
2　×　誤り。1年以下の懲役又は50万円以下の罰金に処せられる（法60条Ⅳ）。
3　×　誤り。1年以下の懲役又は50万円以下の罰金に処せられる（法60条Ⅵ）。
4　○　正しい（法60条Ⅷ）。なお再就職を意図する職員から不正な行為を要求又は依頼され，その意図を知りながら，不正な行為をした職員は3年以下の懲役に処せられる（法63条Ⅲ）。
5　×　誤り。職員は，元職員から禁止されている要求又は依頼を受けたとき，人事委員会又は公平委員会に届け出なければならない（法38条の2⑦）。これを怠れば懲戒処分の対象となるが，法律上の罰則はない。なお条例で10万円以下の過料を科する旨の規定を設けることができる（法65条）。

正解　4

これで完璧　地方公務員法200問〈第４次改訂版〉

平成12年12月15日　　初版発行
平成16年10月25日　　第１次改訂版発行
平成28年３月18日　　第２次改訂版発行
平成31年１月25日　　第３次改訂版発行
令和３年12月16日　　第４次改訂版発行
令和５年10月２日　　第４次改訂版３刷発行

編著者　地方公務員
　　　　昇任試験問題研究会
発行者　佐 久 間 重 嘉

学 陽 書 房

〒102-0072　東京都千代田区飯田橋１－９－３
営業（電話）03-3261-1111（代）
　　（FAX）03-5211-3300
編集（電話）03-3261-1112（代）
http://www.gakuyo.co.jp/

Printed in Japan.　装丁／佐藤博　印刷／東光整版印刷　製本／東京美術紙工
ISBN 978-4-313-20344-0　C 2332
乱丁・落丁本は送料小社負担にてお取り替えいたします。

完全整理　図表でわかる
地方公務員法
〈第 3 次改訂版〉

地方公務員昇任試験問題研究会[編著]　定価 2,640円(10%税込)

地方公務員法の全容と重要な実例・判例を網羅し，図表の形式を用いて解説した昇任試験テキスト。今改訂では，令和 3 年に公布された定年延長に係る地方公務員法改正を収録。法律条文を読むのが苦手な初学者の方にオススメの 1 冊！

完全整理　図表でわかる
地方自治法
〈第 5 次改訂版〉

地方公務員昇任試験問題研究会[編著]　定価 2,750円(10%税込)

地方自治法の全容がまるごとわかる昇任試験参考書の決定版！　図表の形式で要点が整理されており，大事な部分が一目でわかる。法律条文を読むのが苦手という初学者にオススメの本！

頻出問題！　出る順で解く！
地方自治法

地方公務員昇任試験問題研究会[著]　定価 2,090円(10%税込)

地方自治法の頻出分野・頻出傾向をいち早くつかみとることができる自治法問題集！　実際に出題された過去問題から重要かつ学習効果に優れた最新 5 年分の過去問を分析し，頻出問題のなかでもとくに出題されやすい選択肢には頻出マークを付した。